信息科技
教学设计

三年级上册

本书编写组　编著

电子工业出版社
Publishing House of Electronics Industry
北京·BEIJING

未经许可，不得以任何方式复制或抄袭本书之部分或全部内容。
版权所有，侵权必究。

图书在版编目（CIP）数据

信息科技教学设计. 三年级 上册 / 《信息科技教学设计》编写组编著. -- 北京 : 电子工业出版社, 2025.
2. -- ISBN 978-7-121-49756-8

Ⅰ. G623.582

中国国家版本馆 CIP 数据核字第 2025KA2848 号

责任编辑：常魏巍
印　　刷：三河市良远印务有限公司
装　　订：三河市良远印务有限公司
出版发行：电子工业出版社
　　　　　北京市海淀区万寿路 173 信箱　邮编：100036
开　　本：787×1092　1/16　印张：9.75　字数：234 千字
版　　次：2025 年 2 月第 1 版
印　　次：2025 年 2 月第 1 次印刷
定　　价：49.80 元

凡所购买电子工业出版社图书有缺损问题，请向购买书店调换。若书店售缺，请与本社发行部联系，联系及邮购电话：(010) 88254888，88258888。
质量投诉请发邮件至 zlts@phei.com.cn，盗版侵权举报请发邮件至 dbqq@phei.com.cn。
本书咨询联系方式：010-88254506，changww@phei.com.cn。

《信息科技教学设计》
编委会

主编：方其桂

编委：王　军　夏　兰　刘　蓓　鲍却寒

　　　方其桂　周松松　张春兰　刘　婷

　　　顾　青　马翠翠　谢　巍　李婷婷

　　　童　蕾　王　菁　高　晶

前　言

一、背景介绍

2022年4月，教育部颁布了新修订的义务教育课程方案，特别强调了信息科技学科的重要性，并首次明确了其在义务教育阶段的学科地位和教学内容。

《义务教育信息科技课程标准（2022年版）》（以下简称《课程标准》）以立德树人为教育核心，致力于培养学生的科学精神和科技伦理价值理念，全面提升学生的数字素养。《课程标准》为1~9年级学生设定了全面的核心素养目标，通过4个学段、9个内容模块和17个跨学科主题的设置，确保学生能够在不同年级获得连贯和深入的信息科技教育。

从信息技术到信息科技，学科教学的理念、目标、内容和方法都发生了较大的变化，对教师提出了新的挑战。对于一线教师来说，依据《课程标准》设计项目与实验，制订高质量的教学设计并非易事。因此，安徽省教育厅组织编写了3~9年级的《信息科技教学指南》，旨在为教师提供清晰的教学指导和丰富的教学资源。基于教学指南，不仅编写了信息科技学生学习手册和实验活动手册，还编写了本套教学设计，建立了中小学信息科技课程学习平台，提供了配套的课件、微课等资源，以支持教师和学生的教与学。通过这些努力，我们期望广大信息科技一线教师能顺利、从容地开展教学。

二、编写理念

《课程标准》要求"以落实立德树人根本任务为导向，以培养学生数字素养与技能为目标"，这最终需要落实到课堂教学之中，使信息科技教学面临前所未有的挑战。因此，本套教学设计旨在帮助信息科技教师以学科核心素养为导向，利用项目学习的方法，设计适合的项目和实验，引导学生开展学习和实践活动，提升数字素养，为学生终身学习奠定基础。

1. 项目学习理念贯穿始终

本套教学设计以项目线为明线，以素养线为暗线，将素养提升与实际项目有机地结合在一起，将项目学习贯穿始终。通过精心设计项目学习活动，鼓励学生在项目学习活动中积极运用数字化学习工具开展自主学习、协同学习与知识分享。本套教学设计提供了丰富的项目制作、学科实验等实践活动，以培养学生的动手能力和创新能力，让学生在项目实践、学科实验中理解知识、掌握原理，以提升学生的知识迁移能力和学科思维水平。

2. 实验教学凸显科学属性

信息科技是义务教育阶段的基础课程，转变传统的以技术工具为主的基于软件应用和任务驱动的教学模式，引入实验教学是凸显其科学属性的重要举措。本套教学设计中包含大量假设验证、原理探究、仿真模拟等类型的实验，能帮助教师做好演示实验，组织好学生实验，开好实验课，从而凸显信息科技的科学属性。

3. 以素养为导向的活动设计

本套教学设计关注义务教育课程改革的最新变化，着力提升学生的信息科技核心素养。每一篇教学设计都紧扣学科逻辑主线制定素养目标；项目活动突出"科"与"技"并重，注重学生的生活体验、应用体验，能帮助学生形成多元理解能力，提高学生发现问题、分析问题和解决问题的能力，项目活动从根本上改变了"技术本位""学科本位"的思想，追求课程的文化内涵与教育内涵的发掘与实现，以提升学生的核心素养。

4. 以学生为主体的学习方式

本套教学设计突出以学生为主体的学习方式，学生要参与到从规划、实施到评价的整个项目过程之中。项目情境贴近学生，以现实生活中的真实问题作为学习的切入点，充分考虑跨学科融合，激发学生开放、合作的学习意识，培养学生解决实际问题的能力，同时注重培养学生的主体性、主动性和创造性。这些都是学生适应未来社会的关键能力。

三、图书结构

本套教学设计按照《课程标准》的模块编排，注重知识的逻辑顺序、学生的认知规律和学生素养形成与发展的顺序，遴选学生熟悉的及与未来发展相关的若干主题，每个主题对应一个单元，再根据主题设计项目，每个项目占一个课时，最终形成特色鲜明的体系结构。

1. 单元结构设计

本套教学设计中的单元是从《课程标准》中的模块分解出来的若干主题，根据每个主题的素养目标和学业要求，构建单元情境、设计单元项目，帮助教师从整体上把握单元的内容、目标和主要活动。单元结构如下：

◇ **单元核心素养**：依据《课程标准》，细化每个单元的核心素养，确立教学内容和学业要求，为教学提供明确指导。

◇ **单元内容分析**：深入剖析单元内容，揭示核心思想和关键点，助力教师精准把握教学要点。

◇ **单元学习目标**：设定清晰的学习目标，指引教师制订教学计划和预期教学成果。

◇ **单元内容结构**：依据学习目标，策划系列教学活动，确保学生全面、深入掌握知识。

2. 课时教学设计结构

每个单元项目既可以是主题式的，需要分解为若干个子主题；又可以是项目式的，能够分解为多个微项目。为方便一线教师组织教学，本套教学设计每个课时对应一个微项目。课时教学设计主要结构如下，不同教学设计根据实际需要略有调整。

◇ **内容分析**：深入挖掘教学内容的内涵，明确教学的重点与难点，辅助教师有的放矢。

◇ **学情分析**：评估学生的学习基础和需求，为教师提供定制化的教学参考。

◇ **教学策略**：推荐创新的教学策略，助力教师高效实现教学目标。

◇ **学习目标**：根据学生学情，设定学习目标，确保教学活动与学生实际相结合。
◇ **设计思路**：精心设计学习流程，确保学生能够按照合理的顺序系统学习。
◇ **评价建议**：提供多元化的评价工具和方法，帮助教师全面评估学生的学习成效。
◇ **学习活动过程**：细致阐述教学实施的每个环节，从课堂导入到知识讲解，再到练习巩固和课堂总结。
◇ **板书设计**：提供创意板书设计，辅助教师清晰地展示教学要点。
◇ **教学反思**：鼓励教师进行课后反思，以积累经验，不断优化教学实践。

四、图书特色

本套教学设计致力于成为信息科技教师的得力助手，帮助教师深入理解《课程标准》，高效地设计教学活动。本套教学设计不仅提供了全面的指导方案，还通过一系列特色设计，增强教学的互动性和有效性，具体如下：

◇ **素养导向**：本套书基于《课程标准》，构建素养体系，梳理素养目标，将素养提升与项目实施紧密结合。每个项目均有素养目标和项目目标，指引学生在完成项目任务的过程中构建学科知识，提升学科核心素养。

◇ **项目学习**：本套书以系列真实的项目组织内容，将学科知识体系融入项目学习。所有项目均由学科专家和一线教师共同打磨，经过课堂教学检验，既有理论高度，又非常接地气。

◇ **实用性强**：本套书编者针对每个项目，设计了项目式和实验式两种类型的教学设计，对每个教学环节都给出了明确的范例。每个项目相对独立，每节课实施一个项目，方便教学活动的组织。同时本套书还是教师的资源宝库，每个教学设计都提供了丰富的数字资源，如课件、微课、程序、图片、文本等，以支持教师的多样化教学需求。

五、图书作者

本套教学设计的编写团队由资深的省级教研人员和经验丰富的一线信息科技教师组成。团队中包括 7 位正高级教师和 4 位特级教师，他们不仅在信息科技教学领域有着深厚的研究背景，而且在教学实践中积累了丰富的经验。此外，其他作者也都曾获得过省级乃至全国的优质课评选奖项，他们的专业素养和教学成果得到了广泛认可。

虽然编写团队拥有二十多年编写信息技术教材的经验，涵盖小学到大学的各个教育阶段，并且在图书的构思、验证、审核和修改过程中投入了很大的精力，力求完美。但我们清楚地认识到，任何作品都可能存在不足之处，图书的真正价值需要经得起广大读者的检验和评价。

因此，我们在此诚挚地邀请各位读者，对本套书提出宝贵的意见和建议。我们期待听到您的声音，无论是对教学方法的改进建议，还是对某些内容科学性和实用性的质疑，我们都将虚心接受并认真考虑。我们相信，通过与读者的互动和反馈，本套书将不断优化，更好地服务于信息科技教学的发展。

方其桂

CONTENTS
目 录

第1单元 走进我的数字生活——家庭数字设备 ·· 1
  第1课 了解我的家庭数字设备——身边的数字设备 ·· 2
    教学设计1 ··· 2
    教学设计2 ··· 7
  第2课 连接我的家庭无线网络——家庭无线网络 ··· 12
    教学设计1 ··· 12
    教学设计2 ··· 18
  第3课 使用数字设备介绍家庭——数字设备的选用 ··· 23
    教学设计1 ··· 23
    教学设计2 ··· 28
  第4课 制订数字设备使用规则——数字设备使用规范 ··· 34
    教学设计1 ··· 34
    教学设计2 ··· 39

第2单元 体验在线课余生活——数字娱乐 ··· 45
  第5课 玩玩在线交通小游戏——在线游戏 ··· 46
    教学设计1 ··· 46
    教学设计2 ··· 50
  第6课 看看在线故事连环画——在线阅读 ··· 54
    教学设计1 ··· 54
    教学设计2 ··· 59
  第7课 逛逛在线自然博物馆——在线参观 ··· 63
    教学设计1 ··· 63
    教学设计2 ··· 68
  第8课 学唱欢快动听的歌曲——在线视听 ··· 72
    教学设计1 ··· 72
    教学设计2 ··· 78

第3单元 准备家庭旅游攻略——数字出行 ··· 82
  第9课 推荐家庭旅游景点——信息搜索 ··· 83
    教学设计1 ··· 83

教学设计 2 ··· 87
　第 10 课　预订出行住宿酒店——信息筛选 ·· 92
　　　教学设计 1 ··· 92
　　　教学设计 2 ··· 98
　第 11 课　规划旅游出行路线——信息的重要性 ·· 101
　　　教学设计 1 ·· 101
　　　教学设计 2 ·· 107
　第 12 课　拟订旅游安全锦囊——信息辨别 ·· 112
　　　教学设计 1 ·· 112
　　　教学设计 2 ·· 118

第 4 单元　在线购买科普读物——在线经济 ··· 124

　第 13 课　在线选购科普读物——在线选购 ·· 125
　　　教学设计 1 ·· 125
　　　教学设计 2 ·· 129
　第 14 课　收取科普读物快递——在线物流 ·· 132
　　　教学设计 1 ·· 132
　　　教学设计 2 ·· 137
　第 15 课　撰写科普读物评价——在线评价 ·· 140
　　　教学设计 1 ·· 140
　　　教学设计 2 ·· 144

第1单元　走进我的数字生活
——家庭数字设备

一、单元核心素养

1. 内容要求

能够根据不同的活动要求，合理选用数字设备，并遵守数字设备的使用规范。合理安排数字设备的使用时间，了解健康使用数字设备的重要性。

2. 学业要求

在日常学习与生活场景中，能够在教师的指导下，根据需要选用合适的数字设备解决问题，并说明选用的理由，具备主动使用数字设备的兴趣和意识，知道数字设备使用的基本规范。

二、单元内容分析

在信息社会中，在线行为已经成为人们学习、生活、工作不可分割的一部分。作为课程的起始单元，本单元设计安排了4课的学习内容，课与课之间的内容紧密联系，层层递进。

第1课了解我的家庭数字设备，让学生寻找身边的数字设备，了解它们对生活与学习的影响。第2课连接我的家庭无线网络，尝试给熟悉的数字设备连接家庭无线网络，并说出操作步骤。第3课使用数字设备介绍家庭，通过使用不同的数字设备介绍我的家，了解数字设备的使用过程和方法，学会合理使用数字设备。第4课制订数字设备使用规则，通过制订规则，知道数字设备使用的基本规范，养成使用数字设备的好习惯。

本单元是小学信息科技独立开设课程的起始单元，围绕"走进我的数字生活"主题展开，旨在让学生了解信息社会中有多样的数字设备，感知信息科技对社会发展的促进作用，感知学习与生活的变迁，让学生的信息意识在活动中得到提升。这一单元的内容也是后续学习获取在线资源、体验在线生活、开展在线学习的基础。

三、单元学习目标

1. 根据需要选择合适的数字设备解决问题，并说明选择的理由。
2. 具备主动使用数字设备的兴趣和意识。
3. 知道数字设备使用的基本规范，了解健康使用数字设备的重要性。

4. 认识网络，能给数字设备连接无线网络。

四、单元内容结构

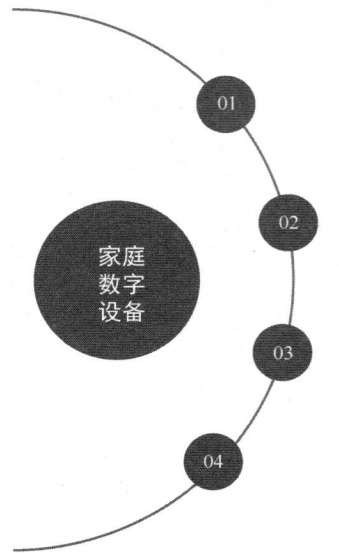

第1课　了解我的家庭数字设备

——身边的数字设备

教学设计1

一、课标内容

在家庭、校园、公园等场景中，体验、感受与智能语音助手、电子导览等数字设备的交互过程。

二、内容分析

在信息社会中，人们的生活与各种数字设备相互联系，并逐步实现了智能化和自动化。手机、手环、智能家居等数字设备使人们的生活更便捷、舒适和安全。本课是第1单元的第1课，通过"了解我的家庭数字设备"这一项目，深入剖析数字设备的功能及其对现代生活的影响。教学内容不仅注重传授数字设备的基础知识，更强调科学探究与实践操作，让学生通过亲身体验，理解数字设备如何帮助我们提高生活品质与工作效率。本课的学习对于培养学生的科技兴趣、创新思维，以及提高实际操作能力具有重要意义。

三、学情分析

三年级学生处于认知发展的初级阶段,对周围事物充满好奇心,喜欢探索新知识。他们对家庭中的数字设备已有一定的了解,但对数字设备的功能和应用缺乏具体认识。本节课旨在通过介绍家庭中的数字设备,引导学生了解数字设备的基本功能,培养他们对数字设备的兴趣,同时提高他们的观察能力和表达能力。在教学过程中,教师可采用启发式教学,引导学生积极参与讨论,让学生分享自己的体验和发现,以达到教学目标。

四、学习目标

1. 素养目标

认识数字设备,了解身边的数字设备对生活和学习的影响。

2. 项目目标

通过寻找身边改变生活方式的数字设备,了解数字设备。

五、教学准备

1. 教师准备

本课教学环境建议设在智慧教室。教师要准备好相关的活动资料。有条件的学校可以准备智能音箱、扫地机器人、智能手表等数字设备。

2. 学生准备

学生提前观察并了解家中的数字设备,记录数字设备的名称和基本功能。

六、教学重难点

1. 教学重点

了解生活中常见的数字设备,并能描述它们的基本功能。了解数字设备对生活的影响。

2. 教学难点

需要联系生活实际,举例说明数字设备在生活中的具体应用。

七、设计思路

1. 教学整体思路

本课教学思路遵循了新课标的要求,通过系统的实验教学环节,让学生在实践中学习和掌握知识,提升科学素养和实践能力。同时,通过分组讨论、分享和互评等活动,培养学生的合作与沟通能力,增强学生学习的互动性和趣味性。整个教学思路以"启蒙导入—知识构建—能力提升—创新思维"为主线,层层递进,环环相扣,既体现了实验教学的系统性,又彰显了新课标对学生全面发展的要求。通过一系列的实验教学环节,旨在培养三年级学生对数字设备的认知能力、操作技巧、规划决策及创新思维,为他们未来在科技领域的探索打下坚实的基础。

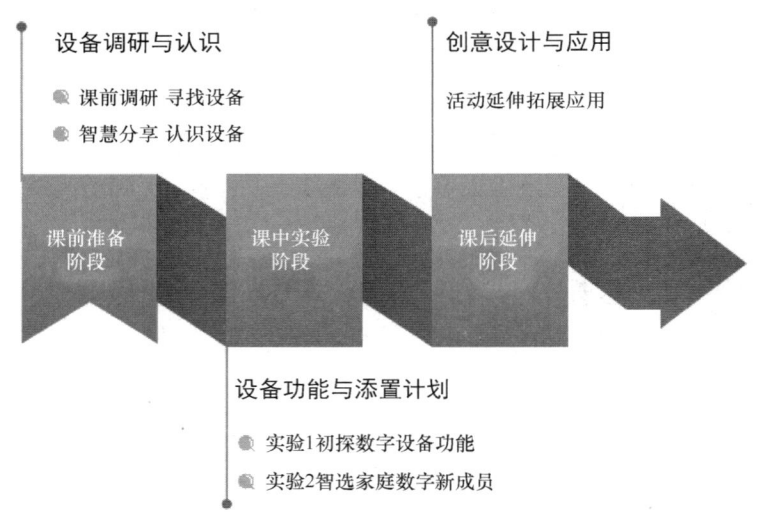

2. 教学流程框架

本课教学流程框架根据实验教学的模式设计了一系列富有系统性的教学环节。课前调研与课上分享激发了学生对数字设备名称与功能的兴趣;课中通过两个实验环节,让学生亲身体验并掌握数字设备的基本功能,同时培养其分析能力和决策能力;课后延伸则鼓励学生发挥创意,设计创新性的家庭数字设备方案。整个教学流程框架旨在培养学生的实践能力、合作与沟通能力,以及创新精神,充分体现了新课标的教学理念。

八、学习活动设计

教学环节	学生学习	教师引导	设计意图
课前调研 寻找设备	学生在自己的家里寻找数字设备,与家人讨论数字设备的名称与功能,并完成表格填写 | 名称 | 功能 | | --- | --- | | | | | | | | | |	教师将学生分组,并布置课前调研任务	让学生在自己家里调研、寻找数字设备,旨在培养学生的自主学习和探索能力,同时了解家庭数字设备的多样性,为后续的实践活动奠定基础

第1单元 走进我的数字生活

(续表)

教学环节	学生学习	教师引导	设计意图
智慧分享 认识设备	学生分组讨论家庭中常见的数字设备，了解其外观、功能和使用方法。 每组学生选择一种设备进行详细介绍，并与其他小组分享交流	教师上课后组织学生进行分组讨论。 教师组织各小组的代表进行分享。组织各小组之间互评	通过小组讨论和分享，加强学生对常见数字设备的认识和了解，同时锻炼学生的团队协作能力和沟通能力。此外，通过互评，让学生学会从不同的角度审视和思考问题
实验1 初探数字 设备功能	**分配设备**：每组分配一种数字设备（如智能手机或平板电脑）。 **初探设备**：每组学生对所分配的数字设备进行初步探索，观察其外观、按键布局等，并尝试开机操作。 **体验功能**：学生逐一尝试设备的基本功能，如拍照、录像等。 **挑战任务**：接受教师布置的挑战任务： 1．使用数字设备完成小组合照的拍摄工作。 2．找到"画图"软件。 在实践中进一步掌握数字设备的使用方法。 **成果展示**：每组学生分别展示自己的实验操作成果，并分享操作过程中的经验和感受。 **设备归还与整理**：实验结束后，学生按要求关闭设备，并将设备归还给教师，同时整理好实验操作环境	教师组织各小组组长领取本组的数字设备。 教师巡视并指导各组学生的操作。教师在此过程中强调安全操作的重要性和注意事项。 教师布置挑战任务： 1．使用数字设备拍摄一张小组合照。 2．找到数字设备中的"画图"软件。 教师组织各小组进行成果分享，并组织学生互评。 教师组织学生归还设备并整理好实验操作环境	通过实验活动，让学生亲自动手操作数字设备，了解设备的基本功能和操作方法，提高学生的实践能力和问题解决能力。同时，通过挑战任务，培养学生的创新思维和团队合作能力
实验2 智选家庭 数字新成员	学生根据自己的家庭生活需求，设计并分享家庭数字设备添置计划表。 **需求分析**：学生首先需要考虑自己家庭的实际需求，如家庭成员的工作、学习、娱乐等方面的需求。 **选择设备**：基于需求分析，学生可以选择适合的数字设备，如智能手机、平板电脑、智能音箱等。 **评估功能**：学生需要了解所选设备的各项功能，评估其能否满足家庭的需求。 **考虑预算**：学生需要考虑设备的价格和自己的预算，以确保所选设备在经济上可行。 **制订计划**：综合以上分析，学生可以制订一个详细的家庭数字设备添置计划表，并分享给老师和同学。	教师组织学生组内讨论。 教师组织学生交流、分享设备的选择，并适当指导。 对所选设备能否满足家庭的需求，教师组织学生自评和互评。 教师指导学生从预算方面考虑选择该设备是否合适。 教师指导学生完成家庭数字设备添置计划表。	让学生根据自己的家庭生活需求设计家庭数字设备添置计划表，培养学生问题分析能力和解决能力，以及预算意识和经济决策能力。此外，通过分享和讨论，促进学生之间的交流和学习。

(续表)

教学环节	学生学习	教师引导	设计意图
实验2 智选家庭 数字新成员	需求分析 / 选择设备 / 功能评估 / 预算考虑 学生分享家庭数字设备添置计划表	教师组织学生完成并分享家庭数字设备添置计划表	
活动延伸 拓展应用	家庭数字设备创意设计 学生分组选择一种家庭数字设备（如智能手机、平板电脑、智能电视等）进行创意设计，并尝试用图画或文字的形式将创新性的设计方案描述出来。 设计内容可以包括外观改进、功能增加或优化、用户体验提升等	教师组织各小组开展课后活动，鼓励学生发挥想象力	通过创意活动，鼓励学生发挥想象力和创造力，挖掘数字设备的潜在价值和功能，并培养学生的创新思维和实践能力。同时，通过团队合作，培养学生的协作精神和沟通能力

九、板书设计

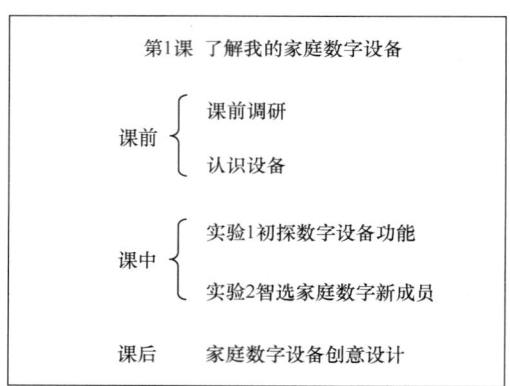

十、评价设计

本活动采取过程性评价和结果性评价相结合的方式进行评价，过程性评价贯穿整个教学过程。教学评价以"**数字设备学习实验评价量表**"为载体，教师根据数据采集的结果，掌握学生的学习情况，从而进一步优化教学过程。

评分项目	评分标准	点亮小星星
学习态度	课前调研和课堂活动的参与程度和学习态度	☆☆☆☆☆
知识掌握	数字设备的基本知识、功能及使用方法的掌握情况	☆☆☆☆☆
实践能力	在实验操作、任务挑战和问题解决过程中的表现	☆☆☆☆☆
团队合作	在小组讨论、分享和互评中的合作精神和沟通能力	☆☆☆☆☆
创新思考	提出的创新性的添置计划和改进建议合理科学	☆☆☆☆☆

附：实验记录单

小组名称	第___组　实验日期：_____			
^	小组成员			
^	成员分工			
实验过程	**课前实验：寻找身边的数字设备** 学生在自己的家里寻找数字设备，与家人讨论数字设备的名称与功能 | 名称 | 基本功能 | |---|---| | 笔记本电脑 | 上网浏览信息、处理文档 | | 扫地机器人 | | | 智能恒温空调 | | | | |			
^	**课中实验1：初探数字设备功能** 各小组选择一台数字设备。打开这个设备，探索数字设备的功能，完成教师的挑战任务。完善课前实验的表格			
^	**课中实验2：智选家庭数字新成员** 学生根据自己的家庭生活需求，设计并分享家庭数字设备添置计划表 | 需求分析 | 选择设备 | 功能评估 | 预算考虑 | |---|---|---|---| | | | | | | | | | | | | | | |			

（合肥市行知小学　夏兰）

教学设计2

一、课标内容

认识数字设备，了解身边的数字设备对生活和学习的影响。

二、内容分析

本课以介绍自己家庭的数字设备为选题，开展项目活动。本课旨在通过活动让学生认识身边常见的数字设备，了解数字设备在生活中的具体应用，体验多彩的个人数字生活。本课采用活动体验的教学方法，让学生在分析和使用常见数字设备的过程中，体验数字设备给学习和生活带来的变化。

三、学情分析

三年级的学生对信息科技学科有很大的学习兴趣，他们对数字设备充满好奇心和求知欲。在日常生活中，他们经常会接触各种各样的数字设备，如平板电脑、智能手表、智能家具等，但对数字设备的功能和应用，以及数字设备给人们生活带来的变化还缺乏系统的认识。因此，教师采用项目学习，在分析、讨论的过程中，引导学生认识和了解常见的家庭数字设备，在交流体验中知道如何合理添置家庭数字设备，以解决实际生活问题，同时，认识数字设备给人们学习和生活带来的影响。

四、学习目标

1. 素养目标

（1）认识身边的数字设备，了解数字设备给学习和生活带来的变化。
（2）能够根据需求，为家庭合理添置数字设备提出方案，解决生活中的问题。

2. 项目目标

通过寻找身边改变生活方式的数字设备，了解数字设备。

五、教学准备

1. 教师准备

智慧课堂环境，提供平板电脑、智能手表、智能手机等，同时准备相应的教学课件、微课、活动记录单等学习资源。

2. 学生准备

能够根据日常观察，知道家庭中常见数字设备的名称，对数字设备的功能有一定的了解，能够感知数字设备给人们生活带来的变化，为家庭添置数字设备提出合理方案，解决生活中的问题。

六、教学重难点

1. 教学重点

认识家庭中常见数字设备的名称，了解数字设备的功能，感知数字设备给人们学习和生活带来的变化。

2. 教学难点

能够根据实际需求，为家庭合理添置数字设备提出方案，解决生活中的问题。

七、设计思路

1. 教学整体思路

本课从学生真实的问题情境出发提出问题：如何向同学介绍自己的家庭数字设备？由此展开小组讨论来分析问题，明确需要了解的家庭数字设备的信息。学生在认识并体验家庭数字设备的过程中，理解数字设备在生活中的应用，学会根据需求，为家庭添置数字设备提出合理方案。在活动体验中注重培养学生的计算思维，以问题来引导学生探究活动，

第1单元 走进我的数字生活

感知数字设备对社会发展的影响,由此体现做中学、用中学的教学理念。

2. 教学流程框架

本课以学生为主体,以介绍身边常见的数字设备这一生活问题为切入点,让学生在活动探究中深度学习,在解决问题的过程中提高学习能力。首先,情境导入,通过调查家庭中常见的数字设备,引发学生思考怎样向同学介绍自己家的数字设备。其次,引导学生认识数字设备,在实践探究中,体验数字设备在生活中的具体应用,感知数字设备给人们学习和生活带来的变化,学会为家庭合理添置数字设备。最后,学生汇报解决问题的思路和成果,畅想未来数字设备给人们生活带来的变化。

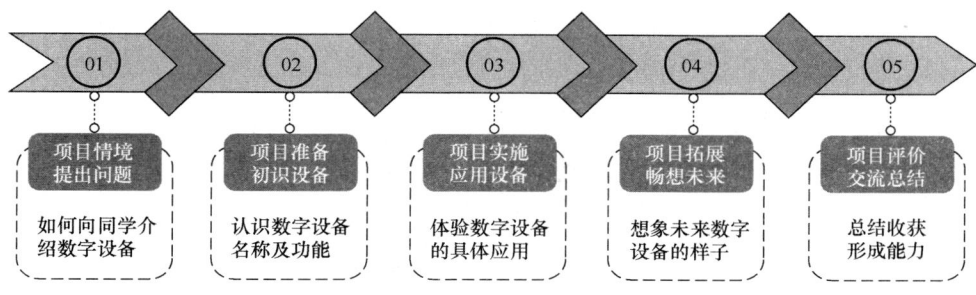

八、学习活动设计

教学环节	学生学习	教师引导	设计意图
项目情境 提出问题	**1. 展示课前调查** 与父母一起调查家中有哪些常见的数字设备。 与同学一起分享自己家里拥有的数字设备。发现数字设备已与我们生活的方方面面相联系。 **2. 明确学习任务** 互相交流,思考如何向同学介绍自己家的数字设备,明确了解家庭数字设备的任务	**1. 情境导入** 展示图片,信息时代,数字设备的使用正悄悄地改变着人们的生活和学习。请调查自己家里拥有哪些数字设备,说一说你的发现。 **2. 聚焦问题** 让你当个小小介绍员,你该如何向同学介绍自己家的数字设备?揭示课题	创设真实的生活情境,激发学生探究的兴趣,让学生意识到我们的学习与生活都与各种数字设备相联系
项目准备 初识设备	**1. 分析问题** 思考:需要了解家庭数字设备的哪些信息,才能有助于介绍家庭数字设备? 小组交流讨论,明确需要了解的家庭数字设备信息。如:数字设备的名称、数字设备的功能等。 **2. 认识数字设备** 观察图片,根据生活经验说一说常见的家庭数字设备的名称	**1. 分析问题** 出示思维导图,想一想,怎样向同学介绍自己家的数字设备? **2. 认识数字设备** 展示图片,提出问题:这些数字设备你认识吗?你能说出这些数字设备的名称吗	通过分析问题,引导学生将大问题分解成若干小问题,进而进行探究。 初步认识数字设备,为后面的活动实践做铺垫
项目实施 应用设备	**活动1 了解家庭数字设备** 组内交流,明确分工。 观察图片,根据日常使用经验,进行小组交	**活动1 了解家庭数字设备** 出示图片,每组选择一种数字设备进行交流,让同学说一说该数字设备	引导学生进行自主探究,了解家庭中常见数字设备的功能。

(续表)

教学环节	学生学习	教师引导	设计意图
项目实施 应用设备	流,并填写活动记录单。 选择一种家庭数字设备,分享其功能。 **活动2　列举数字设备的具体应用** 学生参与讨论,分组观察平板电脑、智能手表、智能手机等家庭数字设备,并选择一种熟悉的数字设备进行体验和探究,并填写活动记录单。 与其他同学分享使用感受,说一说本组选择的数字设备在生活中的具体应用。 观看视频,思考一下,数字设备对社会发展有哪些影响。 **活动3　添置家用数字设备** 小组讨论,根据家庭生活需求,合理筛选数字设备,根据交流结果,填写活动记录单,明确需要添置的家庭数字设备。 小组代表展示成果,得出结论:添置家庭数字设备要合理、合适	具有哪些基本功能,并填写活动记录单。 **活动2　列举数字设备的具体应用** 不同的数字设备具有不同的功能,请选择一种数字设备进行体验,并说一说该数字设备在生活中有哪些具体应用。 观看视频《无处不在的数字设备》,想一想,数字设备对社会发展有哪些影响? 小结:数字设备改变了人们的学习方式和社交方式,使人们的生活更便捷,获取信息更快速等。 **活动3　添置家用数字设备** 出示图片,引导学生思考可以为家庭添置哪些数字设备,说一说这样添置的理由。 请小组代表展示为房间添置的家庭数字设备	通过体验数字设备、观看视频,让学生直观形象地理解数字设备给人们学习和生活带来的影响。 引导学生从实际生活出发,对所学知识进行综合运用,培养学生主动使用数字设备的意识
项目拓展 畅想未来	畅想未来数字设备的样子及其给人们学习与生活带来的变化和惊喜	教师提出挑战任务:畅想未来数字设备的样子	鼓励学生充分发挥想象,大胆表达自己的想法
项目评价 交流总结	1．交流分享 说一说解决问题的思路,其他同学对其进行点评,共同评选出最优介绍员。 2．填写评价表 完成项目评价,对本组的探究学习情况进行反馈	1．交流分享 这节课你解决了哪些问题?通过活动探究,你有哪些收获?与同学分享。 2．填写评价表 引导学生填写活动评价表,获得属于自己的可爱笑脸	通过回顾解决问题的过程,帮助学生建构知识,形成能力

九、板书设计

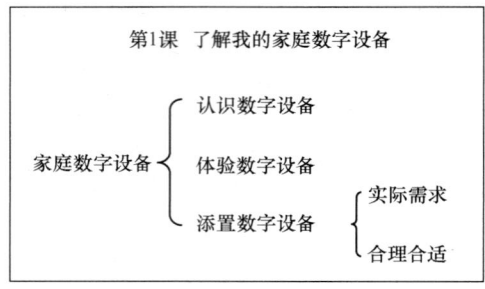

第1单元 走进我的数字生活

附：活动记录单

"了解我的家庭数字设备"活动记录单

班级：_____ 组别：_____ 组员：_____

小调查

你的家里拥有哪些常见的数字设备？_____

说一说你的发现：_____

活动1. 认识家庭数字设备

选择一种家庭数字设备，向同学说一说该数字设备具有的基本功能。

数字设备的名称	基本功能
笔记本电脑	上网浏览信息、处理文档

活动2. 列举数字设备的具体应用

选择熟悉的数字设备进行体验，说一说数字设备在生活中的具体应用。想一想，数字设备给人们的生活带来了哪些变化？

数字设备的名称	使用场景
智能手机	

数字设备给人们带来的影响：
☐ 生活更便捷　　　　　☐ 获取信息更快速
☐ 改变了人们的学习方式　☐ 改变了人们的社交方式
☐ 其他：_____

活动3. 添置家用数字设备

从实际需求出发，试着为家庭添置数字设备，并说一说添置理由。

房间	添置家用数字设备	添置理由
	☐ 智能空调	
	☐ 智能音箱	
	☐ 扫地机器人	
	☐ 智能电视	
	☐ 智能门锁	
	☐ 智能灯	
	☐ 其他_____	

学习评价

评价项目	评价内容	评价结果
核心知识	能认识常见的家庭数字设备（获得1个☺） 能说出家庭数字设备的基本功能（获得1个☺） 会根据家庭的需求合理添置数字设备（获得1个☺）	
思维能力	能自主探究数字设备在生活中的应用（获得1个☺） 能有条理地说出数字设备给人们带来的变化（获得1个☺） 能为房间添置数字设备提出不同的创意（获得1个☺）	
团队协作	能积极参与组内讨论（获得1个☺） 能与组内成员有效互动交流（获得1个☺） 能完成小组中自己承担的任务（获得1个☺） 能流利地表达自己的观点或看法（获得1个☺）	

（宣城市郎溪县第三小学　周松松）

第2课　连接我的家庭无线网络

——家庭无线网络

教学设计1

一、课标内容

根据不同的活动要求，连接家庭无线网络。

二、内容分析

本课旨在帮助三年级学生理解并掌握家庭无线网络的连接方法，教学内容由浅入深，首先通过李徽搬新家后想要连接家庭无线网络的情境引入，激发学生的学习兴趣。随后，详细介绍家庭无线网络结构、网络设备选择、连接方法等基本知识，确保学生能理解并掌握家庭无线网络的基本原理。在实操环节，通过引导学生体验平板电脑连接Wi-Fi和热点共享上网的过程，加深学生对无线网络连接过程的理解，并提高学生的动手能力和解决问题能力。

项目教学贯穿本课始终，学生需要在理解理论知识的基础上，尝试给家中的智能电视、智能音箱等智能设备连接上Wi-Fi，并分享连接过程。这不仅增强了学生的实践能力，也培养了学生的团队合作和沟通能力。整节课的设计兼顾了科学性与逻辑性，使学生能够在轻松愉快的氛围中掌握知识，提升能力。

三、学情分析

三年级学生正处于好奇心强、探索欲望旺盛的年龄阶段，实验教学的方式能够激发他们的学习兴趣和动力。在教学中，可以通过模拟家庭无线网络环境，让学生亲自操作、实践，从而更直观地理解家庭无线网络的结构和工作原理。同时，考虑到学生的年龄特点和认知水平，教师需要采用简单易懂的语言和图示，循序渐进地引导学生完成学习任务，培养他们的实际操作能力和解决问题的能力。通过本节课的学习，学生能够初步掌握家庭无线网络的连接方式，为后续学习打下坚实的基础。

四、学习目标

1. 素养目标

在实际应用中，能够按照操作流程使用数字设备，并能说出操作步骤。

2. 项目目标

了解连接家庭无线网络的基本流程。

五、教学准备

1. 教师准备

本课教学建议在智慧教室进行。教师提前给学生准备平板电脑、手机等。教师还要准备好相关的活动资料，如评价表、实验记录单等。

2. 学生准备

学生可以提前预习关于连接家庭无线网络的基础知识，如网络结构、设备类型等。

六、教学重难点

1. 教学重点

了解家庭无线网络的基本结构、组建方法，以及连接的基本操作。

2. 教学难点

熟练完成网络连接和设备配置的实际操作，以及手机热点的设置和连接。

七、设计思路

1. 教学整体思路

该课的整体教学思路紧密围绕新课标倡导的实践性学习方式和实验操作，通过直接观察、小组讨论、教师引导和动手实践，全面提升学生对家庭无线网络的认识和应用能力。首先，通过情境导入引入生活实例，激发学生对家庭无线网络的兴趣，使学生认识网络在现代生活中的重要性。随后，结合理论讲授和实验操作，引导学生深入理解家庭无线网络的基本原理和组成。在理论提炼方面，强调科学的逻辑性，确保学生理解网络连接的基本流程和原理。在实验操作环节，通过设计一系列任务，如设备连接、网络设置等，让学生在实践中掌握操作技能，提升问题解决能力。最后，通过总结反思和拓展延伸，巩固学生所学知识，同时培养他们的创新思维和实践能力。整个教学过程形成一个闭环，不仅注重知识的传授，更强调学生能力的培养和思维的拓展。

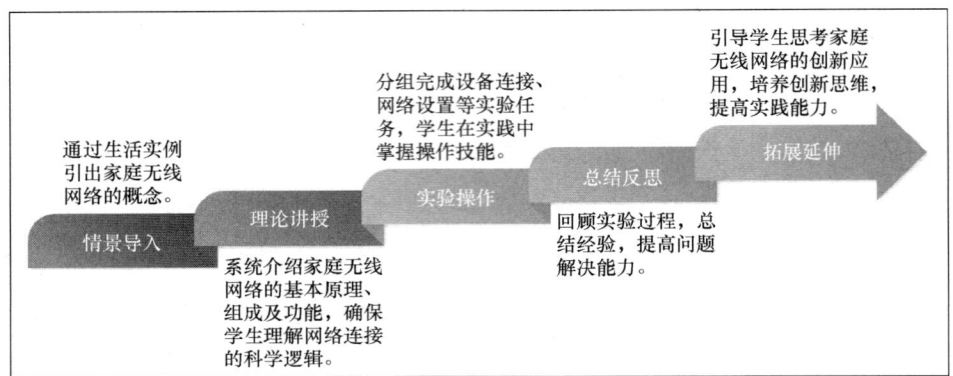

2. 教学流程框架

本课的教学流程框架紧密结合新课标理念，注重实践操作和理论学习相结合。首先，通过激发兴趣环节，让学生观看家庭无线网络使用场景的视频，感受其便利性，进而提高学习兴趣。随后，在实验准备阶段，学生直接观察网络设备实物或图片，了解网络设备的外观和基本构造，通过小组讨论，加深对知识的理解。接下来，学生要动手连接家庭无线网络，提高实践操作能力和解决问题的能力。在实验过程中，教师巡查指导，确保每个学生都能准确完成操作，同时向学生强调网络安全的重要性。探索创新环节让学生尝试热点共享功能，培养创新思维和实践能力。最后，通过总结反馈和分享体验，让学生巩固所学知识，并鼓励学生将所学知识应用到实际生活中，进行创新设计。整个教学流程以实践操作为主线，理论学习贯穿始终，旨在培养学生的观察、思考、实践和创新能力。

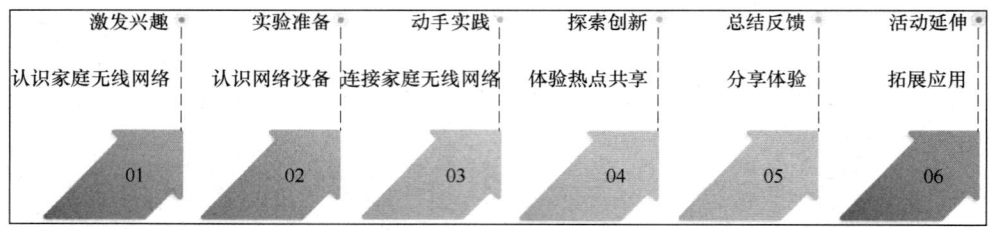

八、学习活动设计

教学环节	学生学习	教师引导	设计意图
激发兴趣 认识家庭无线网络	观看视频：学生将观看一段展示家庭无线网络使用场景的视频。这段视频生动地展示了无线网络在家庭生活中的便利性，如智能设备在家中各个角落都能流畅上网等。 讨论与提问：观看视频后，学生根据教师的提问，讨论家庭无线网络的作用。学生分享他们对无线网络在家庭生活中的看法和体验，同时提出自己的问题和疑惑	介绍概念：教师简要介绍家庭无线网络的基本概念，包括路由器、网线等设备的作用。通过解释这些设备在家庭无线网络中的核心地位，学生将更好地理解无线网络的工作原理。 教师提问："你们想不想在家里随时随地上网呢？"今天我们就来学习如何将家里的设备连接到无线网络	通过展示家庭无线网络使用场景的视频，让学生对无线网络的便利性和重要性有直观感受，进而提高他们对本节课的学习兴趣。同时，通过提问和讨论，鼓励学生主动参与，培养他们的观察能力和思考能力，为后续实验操作奠定坚实的理论基础

第 1 单元　走进我的数字生活

（续表）

教学环节	学生学习	教师引导	设计意图
实验准备 认识网络设备	**设备连接准备** **观察实物或图片**：学生将直接观察路由器、网线等网络设备实物或图片，直观地了解这些设备的外观和基本构造。 **小组讨论**：学生将在小组内讨论这些设备的作用和使用方法，通过互相交流加深理解，并培养团队合作精神。参考教师提供的学习支架（学习材料清单或微课）	详细解释网络设备的作用：教师将详细解释每种网络设备的作用和它们在家庭无线网络中的具体位置及功能，确保学生能够对设备有清晰的认识。 **路由器**是家庭无线网络的核心设备，负责将有线网络转换为无线网络，使家中的多个设备可以连接到互联网；**网线**用于连接路由器和其他网络设备，确保网络信号的稳定传输。 引导正确使用方法：教师将引导学生思考如何在家庭无线网络中正确使用这些设备，包括如何连接、设置和维护等，为后续的实验环节奠定基础	通过直观观察和小组讨论，学生能够加深对路由器、网线等网络设备的认识，了解它们在家庭无线网络中的重要性。 通过小组讨论和教师的引导，培养学生的观察能力和团队合作精神，为后续实验环节的顺利进行做好准备
动手实践 连接家庭无线网络	**平板电脑网络设置**： 学生按照教师的指导，打开平板电脑"设置"界面，找到"网络连接"选项。 选择"Wi-Fi"连接，此时平板电脑将搜索到附近的无线信号。 **无线网络连接**： 在搜索到的无线网络列表中，找到自己家的无线网络名称。 点击该网络名称，系统会提示输入密码。学生输入家庭无线网络的密码。 **连接效果测试**： 连接成功后，学生可以尝试打开浏览器，输入网址并访问网站，测试无线连接效果。 如能正常访问网站，则表示连接成功；如遇到问题，学生应及时求助教师或同学	**巡回指导**：在实验过程中，教师应巡回指导，确保每个学生都能正确完成连接操作。 **网络安全教育**：提醒学生注意网络安全，保护好无线网络的密码，避免泄露给陌生人。 **问题解决**：对于在实验中遇到的问题和困惑，教师应及时解答和指导，确保实验顺利进行	通过让学生亲自动手连接家庭无线网络，培养他们的实践操作能力和解决问题的能力。在这一过程中，教师将进行巡回指导，确保每个学生都能正确地完成连接操作，同时强调网络安全的重要性，培养学生的安全意识和自我保护能力。实验操作是新课标所倡导的实践性学习方式之一，它不仅有助于学生加深对理论知识的理解，还能够提升他们的动手能力和创新精神
探索创新 体验热点共享	学生回答：热点共享 学生操作： 学生根据教师的指导，在自己的手机上尝试开启热点并设置密码。 小组内互相分享热点，尝试连接并上网。 学生之间互相交流和分享经验。 学生回答：外出时、临时需要上网等	教师提问：家中网络突然中断时，如何保证设备可以上网？ **操作演示**： 教师展示在手机上开启热点的方法，并设置热点名称和密码。 教师强调密码设置的重要性和安全性。 **原理讲解**： 简述热点共享的工作原理，即通过手机将数据流量分享给其他设备。	通过让学生尝试开启手机热点和设置热点的密码，探索热点共享的应用场景，培养他们的创新思维和实践能力。在教师的引导下，学生将了解热点共享的工作原理和优点，通过小组讨论和分享经验，加深对热点共享的理解和掌握。这一环节旨在帮助学生认识到家庭无线网络。

15

（续表）

教学环节	学生学习	教师引导	设计意图
探索创新 体验热点 共享		教师提问：请举例说明热点共享在哪些情况下特别有用	不仅限于连接设备上网，还可以实现数据的共享和传输，培养他们的创新思维和解决问题的能力
总结反馈 分享体验	教师引导学生回顾本节课的主要学习内容，包括家庭无线网络的基本组成、网络设备的作用、连接家庭无线网络的方法及热点共享的应用等。 学生以小组为单位，分享各自在动手实践过程中的体验、收获和遇到的问题，并讨论解决方案	鼓励学生在班级范围内分享自己的成功经验或创新点，如特殊情况下如何更有效地使用热点共享，如何快速连接家庭无线网络等。 鼓励并指导学生借助多媒体工具展示自己的学习成果和体验，增强表达的生动性和直观性。 教师根据学生的分享进行点评和补充，确保学生对学习内容有全面的理解和掌握	通过总结回顾和分享体验，让学生巩固所学知识，提高对家庭无线网络的理解和应用能力，同时培养他们的表达能力和分享精神
活动延伸 拓展应用	**小组讨论**：学生分组讨论并分享各自的想法，如外出时利用热点共享上网。 **热点共享体验**：学生分组实践热点共享功能，互相共享并测试连接效果，同时讨论在哪些场景下使用热点共享最为方便和必要。 **经验分享**：每个小组分享他们的实践经验和遇到的问题，教师及时给予反馈和指导。 **成果展示**：学生将自己的创意设计成果进行展示，其他学生和教师进行评价和讨论	**提出问题**：教师引导学生思考，在现实生活中，除连接家庭无线网络外，还有哪些场景可以利用我们学到的知识和技能？ **实地探索**：教师组织学生进行实地探索，如在学校或公共场所寻找并尝试连接无线网络，记录连接过程及遇到的问题。 **解决问题**：对于在实践中遇到的问题，教师引导学生一起讨论，并帮助学生找出解决方案。 **创意设计**：教师鼓励学生发挥创造力，设计一个新型的家庭无线网络应用场景或一款设备，并阐述其工作原理和使用方法	通过小组讨论和实践活动，引导学生将所学知识应用到实际生活中，培养他们的实践能力和创新精神。教师引导学生思考可以利用所学知识和技能的多个场景，并鼓励他们进行实地探索和创新设计。这一环节旨在帮助学生将所学知识转化为实际应用能力，同时培养他们的创新思维和解决问题的能力

九、板书设计

```
          第2课  连接我的家庭无线网络

                  ┌ 家庭无线网络的作用
    家庭无线网络  ┤
    基础          └ 路由器、网线等设备的作用

                  ┌ 实验1 连接平板电脑Wi-Fi
    实践操作      ┤
                  └ 实验2 设置手机热点共享

                  ┌ 手机热点的应用场景
    创新应用      ┤
                  └ 家庭网络的其他创新用法
```

十、评价设计

本活动采取过程性评价和结果性评价相结合的方式进行学习，过程性评价贯穿整个教学过程。教学评价以"连接我的家庭无线网络实验评价量表"为载体，采用自我评价、小组评价、教师评价相结合的三种评价方式，教师采集评价结果，可以掌握学生的学习情况，从而进一步优化教学过程。

评分项目	评分标准	点亮小星星
学习态度	主动参与家庭无线网络学习的讨论与实验操作	☆☆☆☆☆
知识理解	对家庭无线网络设备和无线网络的工作原理有细致的了解	☆☆☆☆☆
实践能力	能独立完成平板电脑的网络设置，成功连接家庭无线网络	☆☆☆☆☆
创新思维	在探索手机热点共享实验中，能提出新解决方案	☆☆☆☆☆
安全意识	在操作过程中注意保护无线密码等敏感信息	☆☆☆☆☆

附：实验记录单

小组名称	第____组 实验日期：_____				
	小组成员				
	成员分工				
实验过程	动手实践"连接我的家庭无线网络"实验记录单 **1．实验目标** （1）掌握平板电脑连接家庭无线网络的基本步骤。 （2）了解网络安全的重要性，学会保护无线网络的密码。 **2．实验器材** 平板电脑、家庭无线网络（Wi-Fi） **3．实验记录**<table><tr><th>步骤</th><th>操作情况</th><th>备注</th></tr><tr><td>打开平板电脑设置</td><td>√/×</td><td></td></tr><tr><td>选择网络连接</td><td>√/×</td><td></td></tr><tr><td>选择 Wi-Fi 连接</td><td>√/×</td><td></td></tr><tr><td>搜索 Wi-Fi 信号</td><td>√/×</td><td>信号强度如何？</td></tr><tr><td>选择家庭 Wi-Fi 网络</td><td>√/×</td><td>网络名称：_____</td></tr><tr><td>输入密码</td><td>√/×</td><td>密码是否正确？</td></tr><tr><td>连接测试</td><td>√/×</td><td>连接是否成功？访问哪个网站测试？</td></tr></table>**4．实验结果** ● 描述连接家庭无线网络的过程和遇到的问题，以及解决方法。 ● 分享实验中的体会和收获。 **5．安全提示** ● 请注意保护无线网络的密码，避免泄露给陌生人。 ● 在连接公共 Wi-Fi 时，请注意个人信息安全。				

(续表)

实验过程	**探索创新"体验手机热点共享"实验记录单** **1. 实验目标** 通过本次实验，了解并体验手机热点共享的功能，掌握在手机上开启热点并设置密码的方法，探索手机热点共享的应用场景。 **2. 实验器材** ● 每人准备一部支持热点共享功能的手机。 ● 小组内准备一个笔记本或记录纸，用于记录实验过程和结果。 **3. 实验记录** 手机热点名称：＿＿＿＿＿＿＿＿＿ 手机热点密码：＿＿＿＿＿＿＿＿＿ 连接设备：＿＿＿＿＿＿＿＿＿（记录连接成功的设备数量） 上网体验：＿＿＿＿＿＿＿＿＿（描述网速、网络稳定性等） **4. 问题与发现** 在实验过程中遇到了哪些问题？请记录下来。 问题1：＿＿＿＿＿＿＿＿＿ 问题2：＿＿＿＿＿＿＿＿＿ 对于这些问题，你是如何解决的？ 解决方案：＿＿＿＿＿＿＿＿＿ **5. 实验总结** 你觉得手机热点共享功能在哪些情况下特别有用？ 应用场景：＿＿＿＿＿＿＿＿＿ 通过本次实验，你学到了哪些新知识或新技能？ 学习成果：＿＿＿＿＿＿＿＿＿

（合肥市行知小学　夏兰）

教学设计2

一、内容分析

本项目设计的目的是让学生尝试将数字设备连接家庭无线网络，旨在了解家庭无线网络的基本流程。本项目以如何帮助李徽将平板电脑连接网络为目标，开展项目活动。学生通过项目学习活动，体验连接家庭无线网络的方法，进一步了解连接家庭无线网络的基本步骤，由此来消除学生对家庭无线网络的神秘感。

二、学情分析

本节课的教学对象是三年级学生，他们主人翁意识强，愿意对家庭生活中的问题进行探究。通过上一节课的学习，学生已经认识了身边的数字设备，有使用数字设备上网的经验，知道数字设备是如何上网的，但并没有将数字设备连接到家庭无线网络的经验，基本都是家长设置好数字设备后直接上网的。因此，本节课教师利用项目学习，通过分析、交流和实践，引导学生清晰地描述连接家庭无线网络的基本流程，提高学生的逻辑思维能力，掌握将数字设备连接家庭无线网络的方法，让学生在实践探究中学会解决生活中的问题，学以致用。

三、学习目标

1. 素养目标

（1）在实际应用中，能够按照操作步骤使用数字设备，并说出操作步骤。
（2）能够根据需求，将熟悉的数字设备连接到家庭无线网络。

2. 项目目标

通过将身边的数字设备连接家庭无线网络来了解连接家庭无线网络的基本流程。

四、教学准备

1. 教师准备

教师在智慧课堂环境下进行教学，为学生提供平板电脑、笔记本电脑、手机等设备，教师还要提供相应的教学课件、微课、活动记录单等学习资源。

2. 学生准备

能够认识常见的家庭数字设备，对网络有一定的了解，有使用数字设备上网的经历，具有将熟悉的数字设备连接到家庭无线网络，以解决实际生活问题的意识。

五、教学重难点

1. 教学重点

在实际应用中，了解组建家庭无线网络的步骤，能够将熟悉的数字设备连接到家庭无线网络，解决生活问题。

2. 教学难点

能够根据需求，通过使用不同的家庭无线网络连接方式来完成数字设备的联网设置。

六、设计思路

1. 教学整体思路

本项目从如何帮助李徽将平板电脑联网这一真实问题出发，引导学生了解家庭无线网络结构，思考连接家庭无线网络需要考虑哪些因素。在项目学习中，教师用问题引导学生自主探究，促进学生思维发展，让学生在活动探究中，学会用语言描述连接家庭无线网络的基本流程，在交流合作中相互学习，体验将数字设备连接家庭无线网络的过程，提高学生主动使用数字设备的兴趣和意识。

2. 教学流程框架

本项目旨在让学生在活动实践中解决问题。首先，创设真实的家庭生活情境，引导学生思考如何将平板电脑连接网络，然后，让学生在实践活动中，通过数字设备连接家庭无线网络来理解数字设备连接家庭无线网络的基本步骤，并让学生展示项目成果，与同学一起分享解决问题的思路和方法。最后，引导学生迁移应用所学方法，解决生活中其他类似问题。

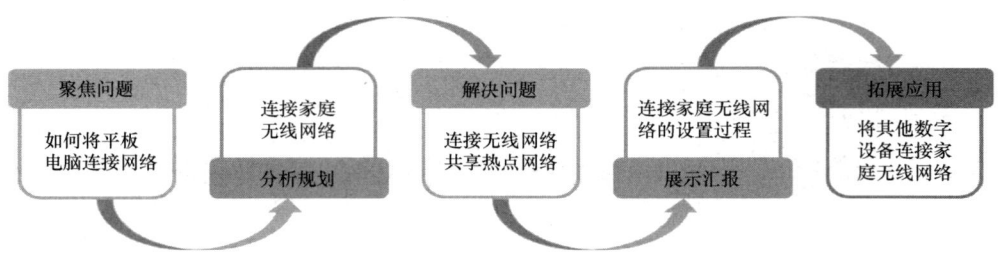

七、学习活动设计

教学环节	学生学习	教师引导	设计意图
项目引入 聚焦问题	1. 观看视频 观看视频，发现李徽遇到的难题，明确帮助李徽将平板电脑联网的任务。 2. 梳理解决方法 互相交流，讨论解决李徽难题的方法	1. 情境创设 播放视频，引导学生思考：李徽想用爸爸送给他的新笔记本电脑看视频、听音乐，他遇到了什么难题？ 2. 聚焦问题 你准备如何帮助李徽？揭示课题：连接我的家庭无线网络	从学生身边的实际情况出发，创设真实的问题情境，引发学生思考，激发学生的学习兴趣
项目准备 分析规划	1. 需求分析 根据思维导图进行交流讨论，分析归纳连接家庭无线网络需要考虑的因素，如了解网络资费、网速等信息；选择网络服务商，开通网络业务；组建家庭无线网络等。 2. 认识家庭无线网络 观看微课视频，自主探究网络设备的功能。积极展开讨论，并与其他同学一起分享光纤调制解调器、网线、路由器等网络设备的功能。	1. 需求分析 出示思维导图，引导学生分析问题。想一想，连接家庭无线网络需要考虑哪些因素？ 2. 认识家庭无线网络 提供微课《了解我的家庭无线网络》，引导学生观看视频，思考组建家庭无线网络需要用到哪些网络设备？这些网络设备具有哪些功能？	通过分析了解连接家庭无线网络需要考虑的因素，引导学生了解网络设备的功能，为项目实践做铺垫
项目实施 解决问题	活动1 梳理连接家庭无线网络的步骤 尝试模拟连接家庭无线网络，填写活动记录单，并与同学一起交流分享，用语言描述连接家庭无线网络的基本步骤。	活动1 梳理连接家庭无线网络的步骤 引导学生模拟体验连接家庭无线网络的过程，想一想，连接家庭无线网络的步骤有哪些？在活动记录单中将操作步骤用线连起来。	通过模拟仿真，帮助学生理解连接家庭无线网络的基本步骤。

第1单元 走进我的数字生活

（续表）

教学环节	学生学习	教师引导	设计意图
项目实施 解决问题	**活动2　体验连接无线网络** 打开平板电脑，观察平板电脑的联网状态，发现平板电脑处于未连接状态，无法上网。 交流讨论，明确对平板电脑进行联网设置，才能上网。 观看微课后，尝试探究实践，结合已有的生活经验，选择合适的无线网络，将平板电脑连接无线网络，并测试连接效果，将结果填写在活动记录单中。 **活动3　体验手机热点共享上网** 互相交流，尝试在手机中设置热点，共享给平板电脑，体验热点共享上网，并将测试效果填写在活动记录单中。 思考并分析密码的组成，填写活动记录单，归纳出设置密码需要注意的地方。使用手机热点时注意安全，不要使用默认密码。在设置密码时，密码中要包含字母、数字和特殊符号，这样密码才能比较安全	**活动2　体验连接无线网络** 平板电脑当前联网情况是什么样的？ 想一想，已经开通了网络服务，平板电脑还是不能上网，这是为什么呢？ 引导学生观看微课《连接家庭无线网络》，将平板电脑连接到无线网络，小组比赛，看哪个小组连接的速度又快又准。 **活动3　体验手机共享热点上网** 想一想，如果家庭无线网络突然断了，该如何上网？ 议一议，输入的共享热点密码包含哪些内容？如何设置密码更可靠？将思考的结果填写在活动记录单中	引导学生在观察中发现问题、思考问题，通过自主探究、动手实践，找到连接家庭无线网络的方法，培养学生的思考能力。 通过体验热点共享上网，培养学生发现问题、分析问题和解决问题的能力。在实践活动中提高信息安全意识，引导学生了解设置密码时的注意事项
项目评价 展示汇报	**1. 展示交流** 学生汇报将数字设备连接家庭无线网络的设置过程，其他同学认真聆听，对其进行互评，对比自己的探究过程，进行补充完善。 **2. 分享收获** 完成项目评价，并对自己的学习情况进行评价	**1. 展示交流** 组织学生汇报，请学生上台展示项目成果。 **2. 分享收获** 在帮助李徽的过程中，你有哪些收获？试着填写学习评价表，并对自己的学习情况进行评价	通过展示与交流，在自评、互评等多元评价中，及时掌握学生的学习情况，调整教学过程
项目小结 拓展应用	**1. 迁移运用** 学生互相交流并积极发言，学会利用所学方法将家中的其他数字设备连接无线网络，提高解决类似问题的能力。 **2. 学习小结** 积极发言，共同总结本节课所学知识点	**1. 迁移运用** 想一想，使用这节课学习的方法，你还可以将哪些数字设备连接上家庭无线网络？ **2. 学习小结** 出示思维导图，对学习内容进行归纳总结	举一反三，学会将方法迁移应用到其他问题的解决过程中。 帮助学生梳理知识结构，形成学习能力

八、板书设计

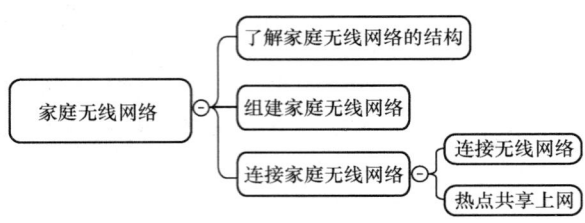

九、评价建议

1. 过程性评价

能够根据项目需求完成活动任务，积极参与讨论；能够主动思考，积极实践，认真听取其他同学发言，大胆发表自己的观点或看法。

2. 结果性评价

能够独立完成数字设备联网设置，并能够清晰地、有条理地描述家庭无线网络连接的基本流程。在进行展示汇报时，声音响亮，能与他人分享自己的收获，表达自己的想法。

附：活动记录单

"连接我的家庭无线网络"活动记录单
班 级：_____ 姓 名：_____

活动1．梳理连接家庭无线网络的步骤

尝试模拟体验家庭无线网络的连接，将操作步骤用线连起来。

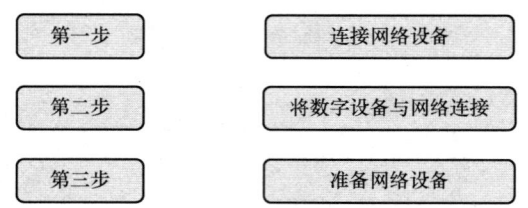

活动2．体验连接无线网络

尝试选择合适的无线网络，将平板电脑连接到无线网络，并测试连接效果。

网络连接方式	设置过程	测试效果
连接无线网络	第1步：搜索 _____ 第2步：输入 _____ 第3步：访问 _____	成　功（　） 未成功（　）

活动 3. 体验手机热点共享上网

尝试在手机中设置热点，共享给平板电脑，并测试连接效果。

网络连接方式	设置过程	测试效果
手机热点共享上网	第 1 步：开启 ＿＿＿＿＿＿＿ 第 2 步：设置 ＿＿＿＿＿＿＿ 第 3 步：连接 ＿＿＿＿＿＿＿ 第 4 步：访问 ＿＿＿＿＿＿＿	成　功（　　） 未成功（　　）
交流话题：共享手机热点时，如何设置密码更可靠？		

学习评价

评价项目	评价内容	评价结果
知识建构	能通过活动实践将平板电脑连接到家庭无线网络，并能理解家庭无线网络连接的基本步骤	□ 优秀 □ 达标 □ 继续努力
思维迁移	能用所学方法，将身边熟悉的数字设备连接到家庭无线网络	□ 优秀 □ 达标 □ 继续努力
语言表达	能声音响亮、流利地说出将平板电脑连接到家庭无线网络的操作步骤	□ 优秀 □ 达标 □ 继续努力
团队协作	能认真倾听，积极与其他学生交流讨论，大胆表达自己的想法	□ 优秀 □ 达标 □ 继续努力

（宣城市郎溪县第三小学　周松松）

第 3 课　使用数字设备介绍家庭

——数字设备的选用

教学设计 1

一、课标内容

结合当前数字社会，让学生了解数字设备，并合理使用数字设备。

二、内容分析

本课的项目选题是使用数字设备介绍家庭。在项目式学习模式下，以学生为主体，以真实的生活问题为导向开展项目活动，旨在通过学习活动让学生了解数字设备的使用方法，能够合理使用数字设备，由此增强学生的家庭责任感和归属感。

三、学情分析

学生经过前面 2 课的学习，认识了身边的数字设备，体验了多彩的数字生活，学会了将数字设备连接到家庭无线网络，激发了学生了解数字设备的兴趣。本课是在此基础上，让学生了解如何使用数字设备，同时，让学生认识到合理使用数字设备是适应数字生活、学习的基本技能。

四、学习目标

1. 素养目标

（1）了解数字设备的使用方法。

（2）培养合理使用数字设备的意识，提升数字素养。

2. 项目目标

（1）根据实际需求，选择合适的数字设备处理、展示信息。

（2）通过项目情境导入、分析等活动，引导学生主动参与学习，提升自主学习能力。

五、教学准备

1. 教师准备

教师需要提供计算机、平板电脑、智能手机等数字设备，并准备好相关的教学课件、微课、活动记录单等教学资源。

2. 学生准备

具备使用数字设备解决问题的意识，能够用数字设备录入文字。

六、教学重难点

1. 教学重点

（1）知道数字设备的使用方法。

（2）培养合理使用数字设备的意识，提升数字素养。

2. 教学难点

根据实际需求选择合适的数字设备处理、展示信息。

七、设计思路

1. 教学整体思路

本课从方舟小学要举行"我爱我家"为主题的班级分享会这一真实情境切入，提出使用不同的数字设备介绍我的家，引导学生分析从哪些方面介绍自己的家，选择哪些媒体元素来介绍自己的家等。在教学时，对学生不太熟悉的数字设备提供充足的学习支架，帮助他们快速熟悉这些数字设备。在教学过程中，让学生体验在做中学、做中悟的教学理念。

2. 教学流程

本课教学是在项目学习模式下，以学生为主体，以真实的生活问题为导向，开展项目活动。首先，通过项目情境导入引发学生探究的兴趣，明确要介绍的家庭的内容，通过角色扮演让学生了解不同数字设备的使用方法。其次，引导学生选择不同的数字设备介绍自己的家，感知数字设备给人们学习和生活带来的便利，接着通过微课让学生了解新的数字设备的学习方法。最后，再让学生将方法应用于生活，解决其他问题。

八、学习活动设计

教学环节	学生学习	教师指导	设计意图
项目情境 提出问题	**1. 梳理问题** 互相交流，讨论帮助李徽解决问题的方法。 **2. 明确任务** 讨论数字设备的优势，并分享在家庭生活中的体验，知道借助不同的数字设备能够更好地介绍家庭	**1. 情境创设** 方舟小学将要举行以"我爱我家"为主题的班级分享会，李徽要在分享会上介绍自己的家，你能给他支招吗？ **2. 揭示课题** 借助现代化的数字设备，用别具一格的方式来介绍，更能吸引人。接下来让我们一起走进今天的信息科技课堂：使用数字设备介绍家庭	创设真实的生活情境，激发学生探究的兴趣，同时明确探究的任务。学生在交流的过程中，了解使用不同的数字设备介绍自己的家
项目分析 聚焦问题	**1. 交流问题** 结合平时的生活经验，加上课前预习，在小组内讨论介绍家的方法，通过互相交流思考介绍自己的家的方法。 **2. 尝试探究** 组内探究交流，结合日常使用经验，尝试填写活动记录单，并与同学一起交流分享。 **3. 分享交流** 每个小组的代表选择一个不同的数字设备，分享其功能与使用方法。小组的其他组员对其进行补充完善	**1. 聚焦问题** 家是温馨的港湾，不仅是我们休息和放松的场所，还是我们和家人共度时光的地方，想一想，我们从哪些方面介绍自己的家？ **2. 指导学生学习** 引导学生结合日常生活经验，说一说常见数字设备的主要功能和使用方法，让学生填写在活动记录单中。 **3. 分流并交流** 请小组代表来分享	通过小组讨论和教师的引导，培养学生的团队合作精神。 通过分组展示的方式让学生掌握不同数字设备的主要功能和使用方法

（续表）

教学环节	学生学习	教师指导	设计意图
项目实施 解决问题	1. 明确介绍家的方式 以小组合作的形式合理选用数字设备，并对设备获取的信息进行分析，明确要介绍家的方式，然后进行人员分工，填写活动记录单。 2. 尝试选择数字设备介绍家庭 组内先分析，再交流讨论，然后体验使用电脑中的"写字板"程序录入家庭成员信息。 归纳总结："写字板"程序相当于纸，键盘相当于笔。录入信息完成后一定要养成保存文件的好习惯。 分享家庭旅游时使用智能手机、平板电脑给家人拍照的经历，感受数字设备记录美好生活的便捷性。 3. 体验数字设备 用智能手机拍摄正在上课的照片，进一步感受数字设备与我们生活的关系	1. 合理选用数字设备 引导学生根据自己的需求，选用合适的数字设备，以不同方式（媒体元素）展示他们自己的家。 2. 选择数字设备介绍家庭成员 引导学生利用身边的数字设备——电脑中"写字板"程序录入家庭成员的信息。 3. 选择数字设备介绍家庭旅游 引导学生分享使用智能手机、平板电脑拍照和家人一起旅行的照片。 4. 启发学生应用 将照片投屏到大屏幕上，同学们觉得好就保留珍藏，觉得不好就删除重新拍摄	通过前面的学习，确定介绍家的方式，以小组合作探究的形式，进一步引导学生合理选用数字设备，同时为下面的小组代表使用不同的数字设备介绍他们自己的家做铺垫。 小组代表使用不同的数字设备介绍自己的家，能够更深刻地理解数字设备给我们的学习生活带来的便捷性。 学生用智能手机给课堂拍照，凸显了学生主体，激发了课堂活力，增强学生对知识的理解和应用，为学生提供丰富的学习体验
项目总结 交流方法	1. 提炼方法 观看微课，了解新的数字设备，提炼并选用合适的方法帮助自己使用数字设备。 2. 归纳总结 选择合适的数字设备可以更方便、更生动地表达自己的观点和想法	1. 数字设备使用方法的学习途径 引导学生思考：遇到新的数字设备，该用什么方法帮助使用设备呢？请同学们观看微课《数字设备我会用》。 2. 按需选择数字设备 引导学生从实际生活出发，思考：选择数字设备时需要考虑哪些条件	引导学生从实际生活出发，对所学知识进行综合运用，培养学生的创新精神。 通过描述解决问题的思路，帮助学生构建知识，形成方法
项目拓展 评价提升	1. 项目评价 填写评价表，对探究学习情况进行反馈 2. 实践应用 回家和爸爸妈妈分享本节课的学习内容。和他们交流一下在介绍自己的家庭时，哪些内容适合用视频的方式展示，可以选择什么样的数字设备进行展示	1. 项目评价 引导学生谈一谈这节课的收获，并引导学生完成评价表 2. 收集学生评价反馈	总结本课的收获，积累方法 分享是为了更好地巩固所学知识，进一步培养数字素养

九、板书设计

```
第3课 使用数字设备介绍家庭

选择数字设备 ┤ 家庭成员
           │ 家庭旅游
           │ ……

使用数字设备 ┤ 学习途径
           │ 需求分析
```

附：活动记录单

"使用数字设备介绍家庭"活动记录单

班级：_____　姓名：_____

活动一：确定介绍家庭的内容

我的家	

活动二：了解数字设备的使用方法

数字设备	功能	使用方法
笔记本电脑	上网浏览信息、处理文档	开机后可录入文字
平板电脑、智能手机		
录音笔		
数码相机		

活动三：选择数字设备介绍家庭

介绍内容	展示方式	选用数字设备
家庭旅游	照片	智能手机、数码相机
家庭成员		
家庭故事		

评价表

评价维度	评价内容	获得几颗星
核心知识	了解数字设备的功能和使用方法，选择合适的数字设备介绍家庭，知道数字设备的学习途径	☆☆☆☆☆
团队合作	与组内同学积极讨论交流，互相合作；能主动思考，大胆地表达自己的想法，并按要求完成任务	☆☆☆☆☆
知识迁移	根据任务需求合理地使用数字设备，以提高学习效率，丰富学习内容	☆☆☆☆☆

（桐城市实验小学　张春兰）

教学设计 2

一、内容分析

本活动的项目选题是使用数字设备介绍家庭，聚焦李徽同学借助现代化的数字设备在班级分享会上介绍自己的家这一项目活动，使学生体验使用不同的数字设备，以别具一格的方式来展示自己的家，使其感知多彩的数字生活，进而激发他们使用数字设备的热情。本活动侧重于让学生使用数字设备介绍自己的家庭，分享自己的观点和想法，回味与家庭成员一起经历的快乐时光，展示与家庭成员一起度过的温馨画面。

二、活动理念

加入方舟小学开展的以"我爱我家"为主题的班级分享会。整个分享会以学生为主体，以真实生活为导向，在提出问题、分析问题、解决问题的层级目标下，鼓励学生借助现代化的数字设备进行有趣的体验，高效地完成自己的任务，积极参与班级分享会。通过互动性强、寓教于乐的活动，培养学生对信息科技的兴趣，同时帮助他们更好地掌握并提高在未来学习与生活中必需的基本技能。

三、学习目标

1. 素养目标

（1）培养数字设备应用意识，感受数字设备对人类生活和社会发展的影响。

（2）从观察、使用生活中常见的数字设备入手，初步体验数字设备的使用。

（3）引导学生合理并规范使用数字设备，遵守相应的法律法规。

2. 项目目标

帮助学生使用不同的数字设备，别具一格地展示自己的家。

四、教学准备

1. 教学环境

计算机教室、电子教学白板

2. 资源准备

教学课件、活动记录单、问卷星、求助信等

五、设计思路

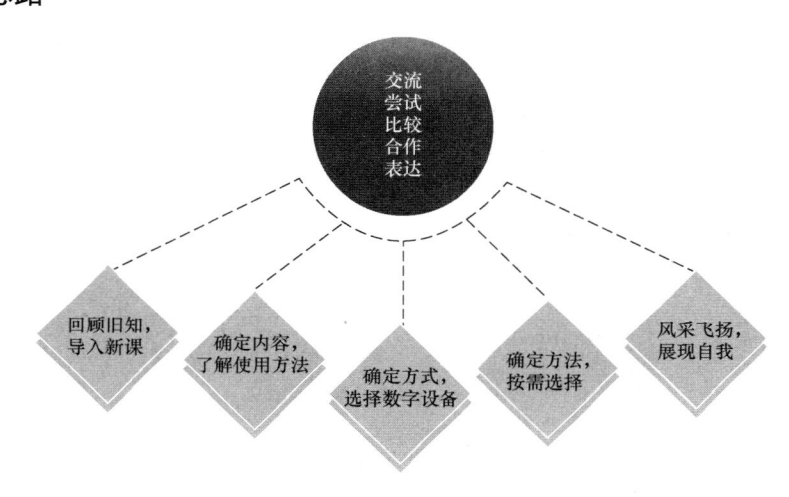

交流 尝试 比较 合作 表达

- 回顾旧知，导入新课
- 确定内容，了解使用方法
- 确定方式，选择数字设备
- 确定方法，按需选择
- 风采飞扬，展现自我

六、学习活动设计

（一）回顾旧知，导入新课

1．重温已学知识：再现、理解

生：（打开教师发布的问卷链接，并快速填写问卷）

问题1：你知道的数字设备有哪些？
  □平板电脑 □智能音箱 □智能手机 □智能门锁 □扫地机器人
  □其他_____

问题2：你家中的数字设备有哪些？
  _____

问题3：你可以将家中的数字设备连接上无线网络吗？
  □完全可以   □基本可以   □需要家人帮助

师：（展示作答结果）通过前面的学习，我们已经知道家庭数字设备的使用方法，并学会了将家中的数字设备连接上无线网络的方法。

2．问题情境：阅读、思考

师：上课前，我收到了李徽同学发来的求助信。

生：（观看李徽的求助信）可以通过所学知识帮助李徽。

师：每组研究讨论，想一想，如何帮助李徽同学在班级分享会上别具一格地展示他的家呢？

生：分享自己的想法和观点。

> 李徽求助信 ☆
> 发件人：Lihui2312 <Lihui231@qq.com>
> 时　间：2024年6月12日（星期三）下午2：45
> 收件人：Wanglsh< Wanglsh@qq.com>
>
> 同学们：
> 　　大家好！我是来自方舟小学的李徽。我们学校将要举行以"我爱我家"为主题的班级分享会，我想在分享会上借助现代化的数字设备，用别具一格的方式来展示我幸福的家。你们有什么好的建议和方法吗？
> 　　期待你们的回信。
> 　　　　　　　　　　　　　　　　　　　　　李徽
> 　　　　　　　　　　　　　　　　　　××年×月×日

【设计意图：复习前面知识是为了更好地学习本节课的知识。创设真实的生活问题，通过在线收取邮件的形式，激发学生探究新知的兴趣，涵养他们助人为乐的精神。在解决真实问题的过程中，了解更多的数字设备。】

（二）确定内容，了解使用方法

1. 确定介绍的内容：思考、讨论

师：要想更好地帮助李徽完成班级分享会，首先从我们自己的家庭出发，想一想，你会从哪些方面向同学介绍自己的家呢？

生：小组讨论，介绍自己家的家庭成员：_____

家庭活动：_____

家庭故事：_____

_____：_____

生：小组思考，交流讨论分享自己的家庭情况，完成"活动记录单"，并选出最佳方案进行全班展示。

【设计意图：引导学生在交流讨论中，先从介绍自己的家庭情况入手，再帮助李徽确定介绍的内容，为后面使用数字设备做铺垫。】

2. 了解不同数字设备的使用方法：搜索、归纳

师：分享了"我幸福的家"的故事后，怎样才能通过数字设备更好地展示自己的家呢？

生：畅所欲言，说出常见的数字设备。

师：大家的建议都非常棒，知其然更要知其所以然，数字设备的功能和用法我们也要清楚。请大家结合生活经验，完成下表。

数字设备的功能和用法

数字设备	功能	用法
笔记本电脑	上网浏览信息、处理文档	开机后可录入文字
平板电脑、智能手机		
录音笔		

第 1 单元　走进我的数字生活

生：小组讨论，完成"活动记录单"中"数字设备的功能和用法"表格的填写。

【设计意图：要想选用数字设备介绍家的情况，应明确数字设备的功能和用法，在组内交流讨论中，学生发现不同的数字设备的功能和用法是不同的，不能盲目地使用数字设备。】

（三）确定方式，选择数字设备

1. 确定介绍家的方式：分析、归纳

师：有了以上内容的铺垫，试着帮助李徽选用合适的数字设备来介绍他的家。

内容介绍：家庭旅游、_____、_____。

展示方式：照片、_____、_____。

选用数字设备：智能手机、_____、_____。

生：小组讨论，积极发言。结合发言的内容，填写"活动记录单"中的"介绍家的方式"。

【设计意图：通过前面的准备活动，确定介绍家的方式，进一步引导学生合理选用数字设备，初步明确选用的数字设备。】

2. 选择数字设备介绍家庭成员：概括、提炼

师：确定数字设备后，李徽还想更加直观、清晰地记录他的家庭成员，你们有什么好的建议吗？

生：小组讨论，查询计算机教室电脑中的软件，最终各组一致推选出使用"写字板"软件进行文字录入，这样就可以快速帮助李徽记录家庭成员的信息。

生：小组成员尝试将自己的家庭成员信息录入到电脑中。

【设计意图：电脑中有多种可以实现文字录入的软件，但对于三年级学生而言，"写字板"软件更合适。引导学生在学习的过程中选择最适合自己的方式，激发他们的学习兴趣，潜移默化地培养他们的自主意识。】

3. 选择数字设备介绍家庭旅游：推理、运用

师：（展示一张李徽同学和家人外出旅游的照片）这张令人惊叹的照片是如何被捕捉的？

生：结合自己的经验，说出智能手机的拍照功能，以及智能平板的拍照功能等。

【设计意图：使用数字设备拍摄照片，并对照片进行简单处理，对于三年级学生而言并不陌生，让学生在学习过程中体验数字设备在生活中的广泛应用，感受科技对生活的改变。】

（四）确定方法，按需选择

1. 数字设备使用方法的学习途径：提炼、拓展

师：当我们拿到一个新的数字设备，如何尽快了解并使用它，你有哪些好方法可以分享给同学？

生：各组交流讨论，分享各自的好方法，并在全班展示。

【设计意图：简单地分享，让学生了解快速使用数字设备的多种方法，感受分享也是

学习的一种途径。】

2. 按需选择数字设备：思考、运用

师：李徽想要在分享会上通过智能手机分享与家人度过的快乐时光照片，可以吗？

生：（小组讨论交流）发现手机分享画面太小，不适合全班展示。

师：你们有没有好的建议呢？

生：小组讨论，并将选择数字设备时需要考虑的条件记录在活动记录单中。

师：结合大家的建议，将智能手机上的照片通过大屏幕展现出来。

生：肯定自己的观点。

【设计意图：小组成员协作，从实际展示效果出发，学会合理、正确、规范地选择数字设备，并会进行归纳、提炼，形成遵守相应法律法规的意识。】

（五）风采飞扬，展现自我

1. 展示、汇报作品：分享

生：小组成员组内展示各自的活动记录单，评出最优方案。

生：进行班级内展示，由全班同学选出最佳方案。

师：将大家推选出的最佳方案通过教师的邮箱发送给李徽。

2. 回顾总结并回答问题：反思

师：在介绍自己的家时，哪些内容适合用视频的方式展示？

生：思考并说出自己的想法。

师：可以选择什么样的数字设备进行展示？

生：思考并说出自己的想法。

教师小结。

生：在帮助别人的同时，自己也学会了知识，这是最大的收获。

【设计意图：通过回答问题的方式，帮学生构建知识，总结数字设备的使用方法，在帮助李徽的同时，也学会了用数字设备别具一格地展示"我幸福的家"。】

七、教学亮点

本节课以小组合作与自主探究相结合的方式，凸显了项目主题，激发了课堂活力。在项目式学习模式下，以帮助李徽为由，一连串的知识让学生感知"助人为乐，提升自己"的乐趣。项目学习过程中，通过设置层级任务，深度训练思维，聚焦学科核心素养的有效落地。

八、评价设计

本项目学习采取过程性评价和结果性评价相结合的方式，过程性评价贯穿整个教学过程。教学评价以"学习评价表"为载体，教师根据数据采集结果，迅速掌握学生的学习情况，从而进一步优化教学过程。

第1单元 走进我的数字生活

	评分维度、评分标准	点亮你的小星星
我合作	以小组合作的形式讨论并完成设计本活动活动记录单	☆☆☆☆☆
我交流	在组内能大方表达自己的想法，流利地介绍自己的设计方案	☆☆☆☆☆
我知道	知道生活中的数字设备并有效使用	☆☆☆☆☆
	可以借助不同的数字设备，别具一格地展示"我幸福的家"	☆☆☆☆☆
我满意	对自己和组内成员表现的满意程度	☆☆☆☆☆

附：活动记录单

"使用数字设备介绍家庭"活动记录单

班级：_____ 组别：_____ 组员：_____

① 确定介绍家的内容

学习评价　　□ 能填写介绍家的内容　　□ 积极参与小组讨论

② 数字设备的功能和用法

数字设备	功能	用法
笔记本电脑	上网浏览信息、处理文档	开机后可录入文字
平板电脑、智能手机		
录音笔		

学习评价　　□ 能说出数字设备的功能和用法，并填入表格
　　　　　　　□ 积极参与小组讨论

③ 介绍家的方式

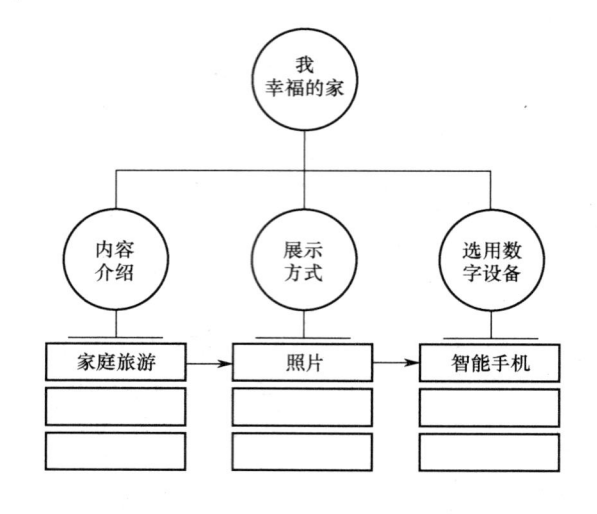

```
            我
          幸福的家
         /   |   \
        /    |    \
      内容  展示  选用数
      介绍  方式  字设备
       |     |     |
     家庭旅游→照片→智能手机
```

> 学习评价　　□ 能填写介绍家的方式　　□ 积极参与小组讨论

④ 选择数字设备时需要考虑的因素

_____

_____

> 学习评价　　□ 积极发表自己的观点　　□ 积极参与小组讨论

（合肥市行知小学　顾青）

第4课　制订数字设备使用规则

——数字设备使用规范

教学设计1

一、课标内容

知道数字设备使用的基本规范。合理安排数字设备的使用时间，了解健康使用数字设备的重要性。

二、内容分析

本课的项目是制订数字设备使用规则。在数字化时代，随着家庭数字设备的普及和使用频率的提高，我们面临一系列问题与挑战。为应对这些问题，确保家庭成员能够健康、安全地使用数字设备，我们需要制订一套规则，以规范家庭成员的使用行为。开展项目活动旨在通过学习活动促进家庭成员之间的沟通与互动，并保护每个家庭成员的隐私。

三、学情分析

通过前面内容的活动，学生认识了身边的数字设备，体验了多彩的数字生活，能根据不同的活动要求，合理选用数字设备。本课是在此基础上，让学生知道如何使用数字设备的利弊，帮助学生建立正确的数字设备使用观念，培养他们良好的数字素养。

四、学习目标

1. 素养目标

（1）知道数字设备使用的基本规范。

（2）合理安排数字设备的使用时间，养成数字设备使用的好习惯。

2. 项目目标

（1）制订家庭数字设备使用规则。

（2）通过情境导入等活动，知道在网络空间要尊重他人的隐私和权益。

五、教学准备

1. 教师准备

本课需要使用计算机、平板电脑、智能手机等数字设备，教师要准备好相应的教学课件、微课、活动记录单等教学资源。

2. 学生准备

健康、安全地使用数字设备。

六、教学重难点

1. 教学重点

（1）知道数字设备使用的基本规范。

（2）合理安排数字设备的使用时间，养成数字设备使用好习惯。

2. 教学难点

知道使用数字设备的利弊，建立正确的数字设备使用观念，培养良好的数字素养。

七、设计思路

1. 教学整体思路

本课从展示相关图片开始，提出问题，引导学生进入数字设备使用规范这一真实情境，让学生以小组合作的形式讨论使用数字设备存在的问题，以及制订数字设备使用规则，通过调查、交流的形式，了解家庭成员使用数字设备需求和习惯，制订数字设备使用规则，引导学生养成良好的数字设备使用习惯，进一步提升他们的数字素养。项目活动注重培养学生的信息科技核心素养，为他们的未来发展奠定坚实的基础，也体现了做中学、用中学的教学理念。

2. 教学流程

本课在项目学习的模式下，以学生为主体，以展示某个班级学生一周数字设备人均使用时长为切入点，引导学生养成良好的数字设备使用习惯，在解决问题过程中形成能力。首先通过情境导入，引发学生思考不当使用数字设备带来负面的影响。其次引导学生制订数字设备使用规则，接着让学生汇报解决问题的方法和结论。最后让学生将方法应用于生活，解决其他问题。

八、学习活动设计

教学环节	学生学习	教师引导	设计意图
项目情境 提出问题	**1. 观察表格** 仔细观察统计表，归纳总结出学生使用数字设备时间较长的原因，尤其是周末的时候。 **2. 明确任务** 互相交流，知道制订数字设备使用规则的重要性，明确本课的任务	**1. 情境导入** 展示某个班级学生一周数字设备人均使用时长统计表，引导学生思考：从这些数据中有什么发现？ **2. 问题引导** 该如何解决这些问题？ **3. 揭示课题** 我们确保家庭成员健康地、安全地使用数字设备，就有必要制订一套规则，接下来我们一起走进今天的信息科技课堂	创设真实的项目情境，抛出学生日常生活中常见的问题，引发学生深度思考，激发他们探究的兴趣
项目准备 聚焦问题	**1. 列举出使用数字设备的负面影响** 积极讨论，列举一些负面影响：视力下降、影响学习、社交能力下降…… **2. 归纳总结** 结合日常生活经验，归纳总结制订数字设备使用规则的目的：确保安全、维护家庭和谐、保护个人隐私、加强儿童教育……	**1. 聚焦问题** 我们过度或长时间使用数字设备，会对身体健康产生哪些负面影响？ **2. 明确任务** 为了确保我们能够有序地使用数字设备，引导学生思考制订数字设备使用规则的目的	通过分析使用数字设备存在的问题，明确制订数字设备使用规则的重要性，同时为项目实践做铺垫

(续表)

教学环节	学生学习	教师引导	设计意图
项目实施 解决问题	**1. 小调查** 调查家庭成员使用数字设备的需求和习惯，并填写活动记录单。 **2. 提出问题** 小组讨论交流，提出问题：家庭数字设备使用规则应包含哪些内容？ **3. 解决问题** 讨论交流，结合已有的生活经验，尝试填写活动记录单，并与小组成员一起交流分享。 **4. 梳理思路** 在组内讨论交流，自主撰写家庭数字设备使用规则，然后小组合议，形成统一内容。 **5. 小组分享** 小组代表分享本组家庭数字设备使用规则的内容，并说明理由，其他组员进行评价	**活动1：家庭成员使用数字设备的需求和习惯** 引导学生通过调查，了解家庭成员使用数字设备的需求和习惯，并让学生填写活动记录单。 **活动2：讨论家庭成员数字设备使用规则的内容** 结合家庭成员的需求和习惯，引导学生讨论家庭数字设备使用规则的内容。 **活动3：撰写家庭成员数字设备使用规则** 引导学生在活动记录单上撰写并展示家庭数字设备使用规则	通过调查、小组讨论、交流，了解家庭成员使用数字设备的需求和习惯，然后从不同方面制订数字设备使用规则，引导学生养成良好的数字设备使用习惯，进一步提升他们的数字素养
项目总结 交流应用	**1. 自主学习** 结合学生学习手册内容，明确在公共场合使用数字设备应该注意的问题。 **2. 合作探究** 观看微课，然后组内交流，进一步认识制订数字设备使用规则的重要性	**1. 比较分析问题** 引导学生分析在公共场合使用数字设备的规则是否与在家中不同。 **2. 指导学习** 借助微课《制订规则意义大》，引导学生合作探究制订数字设备使用规则的重要性	通过讨论交流，学生可以梳理方法，构建知识
项目拓展 评价提升	**1. 总结评价** 完成项目评价，对自己探究学习情况进行反馈。 **2. 课后拓展** 结合今天的学习内容，回家和爸爸妈妈分享交流，并为自己量身制订一份数字设备使用计划	**1. 总结评价** 本节课有哪些收获？请根据本课的学习情况，填写活动评价表。 **2. 布置拓展任务**	学生在畅谈收获时，进一步巩固所学知识。学以致用，让信息科技的核心素养得到提高

九、板书设计

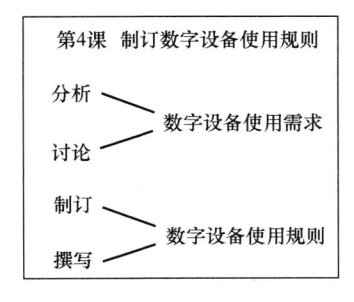

```
┌─────────────────────────────┐
│   第4课  制订数字设备使用规则   │
│                              │
│      分析 ┐                  │
│           ├─ 数字设备使用需求  │
│      讨论 ┘                  │
│                              │
│      制订 ┐                  │
│           ├─ 数字设备使用规则  │
│      撰写 ┘                  │
└─────────────────────────────┘
```

附：活动记录单

"制订数字设备使用规则"活动记录单

班级：_____ 姓名：_____

活动 1：家庭成员使用数字设备的需求和习惯

使用的数字设备	
数字设备的用途	
连续使用数字设备的时间	
在公共场所使用数字设备听音乐时要佩戴耳机吗	

活动 2：讨论家庭成员数字设备使用规则的内容

使用数字设备的时间限制	
使用数字设备的地点限制	
使用数字设备的行为规范	
使用数字设备的内容限制	
使用数字设备的安全措施	

活动 3：撰写家庭成员数字设备使用规则

评价表

根据本节课你的学习情况，给智慧星涂上颜色，进行评价。

评价内容	获得几颗智慧星
能列举数字设备使用不当带来的负面影响	☆☆☆☆☆
掌握数字设备使用规则的内容	☆☆☆☆☆
制订的数字设备使用规则合理	☆☆☆☆☆
在小组讨论中能积极参与，贡献自己的想法	☆☆☆☆☆

（桐城市实验小学　张春兰）

教学设计 2

一、内容分析

本课将探讨如何合理制订数字设备使用规则。在之前的学习中,学生们已经探索和了解了家庭中各种数字设备及其功能,并学会了将这些数字设备连接到家庭无线网络的方法。他们已能根据不同的任务需求选择合适的数字设备,从而丰富自己的数字生活体验。在本节课中,通过制订数字设备使用规则,学生将学习数字设备使用的基本规则,并培养良好的使用习惯。

二、学情分析

三年级学生正处于对世界充满好奇和探索欲望的年纪,他们对家中的数字设备已有一些基本的了解和使用经验,但对使用这些数字设备的基本规则还不太熟悉。在之前的学习中,他们已经了解了家庭数字设备的基本使用方法,本次活动的目的是帮助他们在使用数字设备的基础上,学会制订数字设备使用规则,并合理安排使用时间,养成良好的使用习惯。

三、学习目标

1. 素养目标

(1)通过观察家庭成员的使用行为,可以制订家庭数字设备的使用规则,以确保合理、有序地使用数字设备。
(2)了解并遵守制订的数字设备使用规则,在学习、生活中养成良好的使用习惯。

2. 项目目标

通过收集、选择和评估信息来制订家庭数字设备使用规则。

四、教学准备

1. 教学环境

计算机教室、电子教学白板

2. 资源准备

教学课件、实验记录单、导入视频

五、教学重难点

1. 教学重点

掌握数字设备的基本使用规则,合理规划使用时间,养成良好的数字设备使用习惯。

2．教学难点

制订家庭数字设备使用规则，确保每个家庭成员都能合理、有序地使用这些设备。

六、设计思路

本活动采用探究性实验的方式进行。在教师的指导下，学生根据提出的假设，通过一系列实验来验证制订的数字设备使用规则的合理性。整个活动由学生自主合作完成。

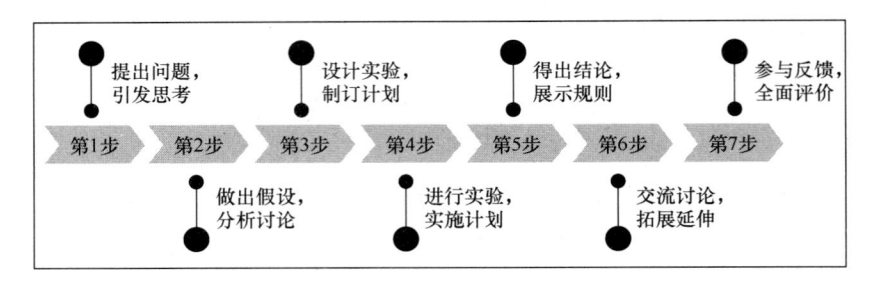

第1步 提出问题，引发思考
第2步 做出假设，分析讨论
第3步 设计实验，制订计划
第4步 进行实验，实施计划
第5步 得出结论，展示规则
第6步 交流讨论，拓展延伸
第7步 参与反馈，全面评价

七、学习活动设计

（一）提出问题，引发思考

准备资料：实验记录单、课件、黑色笔

1．学生阅读实验记录单。

2．学生思考教师课件中的问题：有没有必要制订一套数字设备使用规则，以规范家庭成员的使用行为？

3．学生小组进行组内讨论，并将决定立场记录在实验记录单中。

【设计意图：通过问题导入，激发学生制订数字设备使用规则的积极性，思考是否有必要制订数字设备使用规则的问题，正确看待问题。】

（二）做出假设，分析讨论

准备资料：实验记录单、黑色笔

1．收集组内成员对"有没有必要制订一套数字设备使用规则，以规范家庭成员的使用行为？"的答案，并阐述各自的想法。

2．用不健康、不文明的方式使用数字设备，可能会对个人的身体健康产生哪些负面影响，填写下面的表格。

长时间连续使用数字设备，可能会	
在网络上攻击他人，可能会	
沉迷游戏可能会	
还有哪些不良习惯可能产生负面影响呢	

【设计意图：小组合作，并结合自己及身边的亲人、朋友使用数字设备时遇到的问题

进行深入分析。只有了解其危害才能更好地制订规则。】

3．根据学生的分析，完成下表，说一说制订数字设备使用规则的目的。

> 为什么要制订家庭数字设备使用规则？
> □确保安全　　　　□维护家庭和谐
> □保护个人隐私　　□加强儿童教育
> 其他 _____

【设计意图：在分享交流中，学会归纳总结，引出制订数字设备使用规则的重要性。】

（三）设计实验，制订计划

准备资料：实验记录单、机房电脑、黑色笔

1．学生说一说使用数字设备时的需求和习惯。

做一个观察记录表。

使用的数字设备	
数字设备的用途	
连续使用数字设备的时间	
在公共场合使用数字设备听音乐时要佩戴耳机吗	
其他	

【设计意图：鉴于不同学生对数字设备的需求和使用习惯的差异，教师通过引导学生讨论和分享，分析并确定满足这些需求及习惯的策略。】

2．进行小组讨论，共同商讨家庭数字设备使用规则的内容。

分享展示各组制订的结果。

【设计意图：提高学生使用家庭数字设备的安全防范意识。】

（四）进行实验，实施计划

准备资料：实验记录单、尺子、水彩笔

1．结合组内讨论的内容，补充完成"我的家庭数字设备使用规则"。

2．美化"我的家庭数字设备使用规则"的外观。

【设计意图：小组合作探究，填写实验记录单中"我的家庭数字设备使用规则"，掌握合理制订使用规则的重要性，同时进行创意设计，增加其美观性。】

（五）得出结论，展示规则

1．展示实验记录结果（"我的家庭数字设备使用规则"），并交流哪些地方需要改进，哪些地方需要补充。

需要改进的地方：_____

需要完善的地方：_____

2．思考生活中，我们发现有许多方面需要制订规则以确保秩序、安全和公平。

例如，交通出行、_____、_____、_____等。

【设计意图：展示实验记录单结果，让学生了解不同小组在制订"我的家庭数字设备使用规则"时的发现和经验。参考其他组的成果，思考如何优化本组的规则，同时迁移到生活中其他领域。培养学生制订使用规则的意识和能力，以实现用制订的使用规则引导学生有效地使用数字设备的目的。】

（六）交流讨论，拓展延伸

1．在分析制订的"我的家庭数字设备使用规则"在公共场合的适用性时，需要考虑哪些关键因素？

```
□环境适应性    □社会礼仪
□安全性        □对他人的影响
其他 _____
```

2．在公共场合使用数字设备，需要遵守的规则内容有哪些？

```
□音量控制     □隐私保护
□设备安全     □健康习惯
其他 _____
```

【设计意图：通过以上分析，可以确定家庭数字设备使用规则在公共场合的适用性，并进行必要的调整，感受公共场合自觉遵守规章制度的重要性。】

3．小组讨论规范使用数字设备的重要性。

4．课堂小结：说出制订数字设备使用规则的流程。

【设计意图：理解规范使用数字设备的重要性，通过不断的反思和迭代，确保数字设备的使用规范能够适应不断变化的技术环境和社会需求。】

（七）参与反馈，全面评价

通过课堂表现，小组成员分别完成学习表现评价表。

制订"我的家庭数字设备使用规则"学习表现评价表				
评价维度	评价标准	学生自评 ☆☆☆☆☆	组内互评 ☆☆☆☆☆	教师评价 ☆☆☆☆☆
问题解决及表现	能解决制订"我的家庭数字设备使用规则"时遇到的问题			
	分享各自对制订"我的家庭数字设备使用规则"的观点			
	学会从多方面了解更多数字设备的学习资源，积极参与			
创新能力及表现	学会迁移到公共场合和其他需要制订规则的领域			
	学会设计解决方案，解决实际问题			
综合得分				

第1单元 走进我的数字生活

【**设计意图**：基于核心素养，将学习评价与学生的学习过程及成长过程有机融合，聚焦学生素养表现，并通过表现性评价的方式来更好地展开教学。】

附：实验记录单

班级		姓名		组别	
小组成员					
实验目的	合理制订数字设备的使用规则，养成良好的使用习惯。				
实验器材	机房电脑、课件、尺子、水彩笔等				
实验过程	我的疑问：有没有必要制订一套数字设备使用规则，以规范家庭成员的使用行为？ 我的猜测：_____ 我的实验步骤如下。 **做出假设，分析讨论** 1．猜测可能会对个人的身体健康产生哪些负面影响？ 长时间连续使用数字设备，可能会：_____ 在网络上攻击他人，可能会：_____ 沉迷游戏可能会：_____ 还有哪些不良习惯可能产生负面影响呢？ _____ 2．为什么要制订家庭数字设备使用规则？ □确保安全　□维护家庭和谐　□保护个人隐私　□加强儿童教育 其他_____ **自我评价** ☆☆☆☆☆ ☺能说出1~2个对个人的身体健康产生的负面影响 ☺能分析制订数字设备使用规则的目的 ☺积极参与小组讨论 **设计实验，制订计划** **记　录　表** 使用的数字设备：_____ 数字设备的用途：_____ 连续使用数字设备的时间：_____ 在公共场合使用数字设备听音乐时要佩戴耳机吗？ 　　□需要　　□不需要 其　他：_____ **自我评价** ☆☆☆☆☆ ☺能填写出实验记录单 ☺积极参与小组讨论				

（续表）

班级		姓名		组别	
实验过程	进行实验，实施计划 3．补充完成 "我的家庭数字设备使用规则"，并对其外观进行美化。 **规则 1　使用数字设备的时间** 连续使用数字设备_____超过 1 小时。 保护眼睛，使用数字设备_____做眼保健操，看远方，让眼睛休息一下。 **规则 2　使用数字设备的行为规范** 使用数字设备时，必须保持_____的坐姿，并与设备屏幕保持一定的距离。 **规则 3　使用数字设备的地点要求** 在公共场合_____大声喧哗或设备外放声音，以免打扰到其他人。 **规则 4　使用数字设备的内容限制** _____观看暴力、恐怖等内容。 多和家人、朋友交流，_____沉迷网络世界。 **规则 5　使用数字设备的安全措施** _____个人隐私、防止网络诈骗。 自我评价 ☆☆☆ ☆☆　　☺积极参与小组合作 　　　　　　　　　　☺具有一定的美观性				
数据分析	1．实验过程中哪些地方还需要改进，哪些地方还需要补充？ 需要改进的地方：_____ 需要完善的地方：_____ 2．制订的"我的家庭数字设备使用规则"放到公共场合是否具有适用性？ _____				
实验结论	1．基于本次实验，说一说合理制订使用规则的重要性：_____ _____。 2．说一说收获：_____ _____。				

（合肥市行知小学　顾青）

第 2 单元　体验在线课余生活

——数字娱乐

一、单元核心素养

1. 内容要求

通过使用数字设备辅助学习、交流与分享，激发对信息科技的好奇心和学习兴趣，产生对信息科技的求知欲。通过生活中的新兴媒体等实例，感受在线社会对学习与生活的影响。合理安排数字设备的使用时间，了解健康使用数字设备的重要性。

2. 学业要求

能关心身边的信息科技给人们生活带来的变化，能通过与数字设备交互的方式获取信息，以解决生活中的小问题。能列举在线社会对学习与生活的影响，知道在线技能的必要性，感受在线社会信息的重要性。能关注数字设备使用的健康与安全问题。

二、单元内容分析

本单元为三年级上册第 2 单元，对应《课程标准》在线学习与生活模块中第一部分"在线生活"，主要对应内容要求（1）；另外融合了《课程标准》中第一学段（1～2 年级）的部分内容，其中核心概念是网络，主要内容是体验丰富的在线课余生活；目标是让学生感受数字娱乐对学习和生活的影响，激发他们对信息科技的好奇心和学习兴趣，产生对信息科技的求知欲。

本单元的内容以学生都很感兴趣的各种类型的在线课余生活为切入点，进行项目选题；学生通过游戏、阅读、唱歌等方式来丰富和娱乐自己的课余生活，本单元围绕在线游戏、在线阅读、在线参观和在线视听 4 个方面，让学生体验多种在线娱乐，同时感受在线技能的必要性，感受在线资源的多元化及在线社会信息的重要性，感受身边的信息科技给人们生活带来的变化，并逐步关注使用数字设备的健康与安全问题。

三、单元学习目标

1. 通过对网络世界的初体验，感受在线社会对学习与生活的影响，增强数字意识。
2. 用数字设备解决实际问题，能够说出相关的操作过程。
3. 知道网络信息的多种表示方式，感受信息的作用与价值。

4. 知道在线技能在学习与生活中的必要性，认识信息科技给生活带来的便利。
5. 了解健康使用数字设备的重要性，正确对待数字娱乐，关注数字设备的使用时间。

第5课　玩玩在线交通小游戏
——在线游戏

教学设计1

一、课标内容

通过生活中的新兴媒体等实例，感受在线社会对学习与生活的影响。合理安排数字设备的使用时间，了解健康使用数字设备的重要性。

二、内容分析

本课的项目活动是玩一玩在线游戏。选用在线交通小游戏，开展教学活动。此项目活动既可以让学生体验在线游戏的过程，掌握相关的上网技能，感知网络信息的多样性，体验数字娱乐对人们娱乐生活的改变，激发学生对信息科技学习的兴趣；又可以让学生在游戏中了解更多的交通安全知识，将习得的交通安全知识活学活用，增强安全意识。同时，活动过程中也强调健康使用数字设备的重要性，让学生正确对待网络游戏。

三、学情分析

学生通过第1单元"走进我的数字生活"中的4个活动，对身边的数字设备有了一定的了解，知道数字设备的基本操作，能用数字设备录入文字、声音、图片等信息，对网络有了初步的认识，规范地使用数字设备的意识正在逐渐形成。学生对网络中有趣的信息充满了好奇，对如何使用数字设备在网络中遨游充满了求知欲。本课基于此，选用在线交通小游戏开展项目活动，让学生在游戏中了解更多的交通安全知识，将习得的交通安全知识活学活用，增强学生的安全意识，同时强调健康使用数字设备的重要性，让学生正确对待网络游戏。

四、学习目标

1. 素养目标

使用数字设备体验在线游戏，引导学生正确对待在线游戏，不要沉迷网络游戏。

2. 项目目标

玩一玩在线交通小游戏。

五、教学准备

1. 教师准备

智慧课堂环境，为学生配置平板电脑。平板电脑中安装有浏览器。教师还应准备相应的教学课件、微课、导学案等教学素材。

2. 学生准备

掌握数字设备的基本操作方法，能用数字设备录入文字等信息。

六、教学重难点

1. 教学重点

使用数字工具，找到在线交通小游戏。

2. 教学难点

使用数字工具体验在线交通小游戏，感受网络对娱乐生活的改变，知道如何正确对待网络游戏。

七、设计思路

1. 教学整体思路

教师从学生生活中真实的需求出发，创设情境，引导学生分析问题，找出完成此项目的关键点：如何使用浏览器打开游戏的网页？学生在体验在线小游戏之后，交流自己的操作过程、游戏体验，分享知识的获得情况，进一步感受网络世界对娱乐生活的改变。本课活动以学生的尝试和体验为主，在学生主动探究和尝试的过程中，教师给学生提供活动支架，让学生在学习过程中，主动发现问题、分析问题和解决问题。

2. 教学流程框架

本课活动首先需要教师创设一个真实的情境，确定项目目标，即玩一玩在线交通小游戏。在实施活动前，引发学生思考问题，如玩过哪些网络游戏？用什么设备玩的？学生讨论后，知道本节课使用的数字工具是计算机上的浏览器。教师介绍相关知识，让学生知道可以通过浏览器网址打开游戏网页。当完成以上学习准备后，学生可以从"打开网页"和"玩游戏谈收获"两个环节中实施项目，在体验整个在线游戏的过程中，对在线游戏形成一个正确的认识。

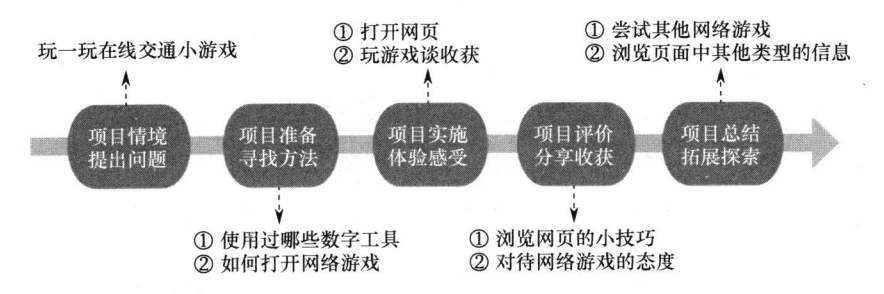

玩一玩在线交通小游戏　　①打开网页　　①尝试其他网络游戏
　　　　　　　　　　　　②玩游戏谈收获　②浏览页面中其他类型的信息

项目情境　→　项目准备　→　项目实施　→　项目评价　→　项目总结
提出问题　　　寻找方法　　　体验感受　　　分享收获　　　拓展探索

　　　　　①使用过哪些数字工具　　①浏览网页的小技巧
　　　　　②如何打开网络游戏　　　②对待网络游戏的态度

八、学习活动设计

教学环节	学生学习	教师引导	设计意图
项目情境 提出问题	听一听李徽遇到的问题及他的爸爸给他的建议。 想一想自己有没有类似的经历。如果你是李徽，要如何做？ 进行交流，明确本节课的项目任务	介绍项目背景，用具有感染力的语言将学生带入情境中。 引发学生对这个项目的初步思考	创设真实的情境，引导学生思考，激发学生尝试和体验的兴趣。让他们在解决真实问题的过程中，感受在线社会对学习与生活的影响
项目准备 寻找方法	初步了解网络游戏：观看教师准备的介绍网络游戏的视频；交流自己曾经的网络游戏体验，如用过哪些数字设备和数字工具，玩过哪些游戏，学会了哪些知识，等等。 思考：如何用电脑上的浏览器打开游戏的页面？ 观看微课，认识浏览器和网址。 试一试，在浏览器中，输入网址，打开网页	让学生观看视频，引导他们回忆和交流，使他们初步了解网络游戏。 揭示本节课选用的方法。 指导学生找到浏览器，并在浏览器中尝试输入不同的网址，打开不同的网页	通过交流网络游戏的类型及需要用到的数字设备和数字工具，让学生对网络游戏有一个初步的认识。 初步了解浏览器和网址，知道如何打开网页，为后面的项目实施做准备
项目实施 体验感受	打开浏览器，在地址栏中输入网址，登录"中国数字科技馆"网站。 观察网页，并说一说在网页中能看到哪些类型的信息。 移动鼠标，指向不同的信息，说一说自己的发现。当鼠标指针处于不同的状态时，点击鼠标，再说一说自己的发现。 阅读关于"导航栏"和"超链接"的知识，再尝试移动鼠标，点一点，看一看，在该网站中找到并体验"职业小行家——交警"小游戏。 在网页中玩一玩游戏，看看自己能通过几个关卡，学会哪些交通知识。 交流体会和收获。说一说自己的游戏体会和最喜欢玩的关卡。结合游戏，谈一谈学习到的交通安全知识	指导学生打开页面，引导他们观察、思考并回答问题。 提供学习支架，指导学生使用"导航栏"和"超链接"找到小游戏。 指导学生体验在线交通小游戏，让他们边游戏、边思考、边学习、边总结	让学生大胆尝试，提出疑问，教师适时给出相关的学习支架，引导学生独立完成网络游戏的体验。 让学生尝试和发现问题，学习"导航栏"和"超链接"的有关知识。 让学生体验网络游戏，感受在线社会对学习与生活的影响
项目评价 分享收获	分享从浏览器的页面中找到游戏的过程；在分享的过程中，进一步厘清思路，对自己的项目完成情况给出评价。 分享自己掌握的技巧。 从玩网络游戏的时长、玩网络游戏的类型等方面谈一谈应该如何正确对待网络游戏	引导学生思考和总结，让他们分享自己的操作体验及掌握的技巧，谈一谈正确对待网络游戏的重要性	通过描述体验的过程，帮助学生厘清思路，巩固知识，拓展延伸知识。通过分享，学生可以对知识和技能做进一步的梳理和整合。 强调正确对待网络游戏的重要性
项目总结 拓展探索	尝试浏览页面中其他类型的信息，并和同学交流分享。 在教师的引导下，尝试其他的网络游戏，并将其推荐给同学。 总结本节课的体验和收获，填写活动评价	引导学生进一步尝试和分享交流。 完成活动评价，并对自己的学习情况进行反馈	拓展延伸，引导学生勇于探究和尝试。 总结本课收获，积累方法

九、板书设计

```
第5课 玩玩在线交通小游戏
1. 在哪里玩 ——→ 网页
2. 用什么数字工具 ——→ 浏览器
3. 如何找到并打开游戏 ⇄ 网址
                      导航栏、超链接
说一说：玩了什么？学会了什么？
思考：如何正确对待网络游戏？
```

附：活动记录单

项目实施	**活动一：打开网页** 打开浏览器，在地址栏中输入网址，登录"中国数字科技馆"网站。 在网页中看到了哪些类型的信息： 文字□　图片□　声音□　视频□ 将鼠标指向不同的文字和图片，你发现了什么？ 我发现了： 鼠标的指针有时是小箭头的形状，有时候会变成＿＿＿； 此时单击鼠标左键会＿＿＿＿＿＿＿＿＿＿。 **活动二：玩游戏谈收获** 在页面中找到并玩一玩"职业小行家——交警"小游戏。 我闯过了＿＿＿＿关，最喜欢玩的是第＿＿＿＿关； 因为＿＿＿＿＿＿＿＿＿＿＿＿＿＿＿＿＿＿＿＿； 在这一关中我学习到的交通安全知识是 ＿＿＿＿＿＿＿＿＿＿＿＿＿＿＿＿＿＿＿＿。 我还想玩＿＿＿＿＿＿＿＿＿＿＿＿＿＿的游戏。
分享交流	分享浏览网页小技巧。 我分享给同学的小技巧是 ＿＿＿＿＿＿＿＿＿＿＿＿＿＿＿＿＿＿＿＿。 我从同学那儿学会的小技巧是 ＿＿＿＿＿＿＿＿＿＿＿＿＿＿＿＿＿＿＿＿。 如何正确对待网络游戏？ 1. 你认为每次玩网络游戏不能超过多长时间？＿＿＿＿＿＿。 为什么？＿＿＿＿＿＿＿＿＿＿＿＿＿＿＿＿＿＿＿＿＿ 2. 你认为能不能给游戏充值？　能□　不能□ 为什么？＿＿＿＿＿＿＿＿＿＿＿＿＿＿＿＿＿＿＿＿＿ 3. 关于网络游戏，我们还应该注意：＿＿＿＿＿＿＿＿＿＿。

项目总结	完成活动评价，对学习情况进行反馈，点亮自己的小星星。		
	评分项目、评分标准及分值		评价等级
	分析与规划	项目主题明确、任务分析合理	☆☆☆☆☆
	工具与方法	认识浏览器和网址；会使用导航栏和超链接浏览网页内容	☆☆☆☆☆
	核心知识	选用恰当的工具，体验网络游戏	☆☆☆☆☆
		能正确对待网络游戏	☆☆☆☆☆
	项目探究成果	能使用浏览器打开网页，找到网络游戏，体验网络游戏，并学会相关的知识	☆☆☆☆☆
	这节课我点亮了_____颗星		

（马鞍山市第七中学　鲍却寒）

教学设计 2

一、内容分析

在线交通小游戏是一种非常有效的教学工具，这种类型的游戏通常设计得非常简单，十分容易上手，可以吸引学生的注意力。游戏中的交通规则和实际情况相符，通过游戏，学生可以学习到正确使用交通工具的方法，理解交通信号的含义，以及遵守交通规则的重要性等。同时，游戏还可以提高学生的观察力和反应能力。

二、学情分析

1. 认知发展水平

学生在这个年龄开始形成自我意识和道德观念，对于安全教育接受度较高。通过游戏可以学习交通规则，还可以培养他们的安全意识和责任感。游戏中有即时的反馈机制，如当学生做出错误决策时，游戏会立即给出提示，这有助于学生及时纠正错误，加深对知识的记忆。

2. 计算机和互联网使用技能

多数的三年级学生已经具备了一些基本的计算机操作技能，如使用鼠标、键盘等，但对于更复杂的操作还需要指导和训练。通过玩在线交通小游戏，学生可以在玩游戏过程中利用一些基础的信息科技知识，如计算机操作、互联网使用等，提高自己的信息科技素养。

3. 合作能力

这个年龄的孩子开始重视同伴关系，愿意与同伴合作，进行小组活动。在线游戏的设计具有很高的互动性，可以促进学生之间的交流和协作，学生可以在游戏过程中，加深对知识的理解。

三、学习目标

1. 素养目标

选用合适的数字设备体验在线游戏，知道学习可以在娱乐中进行，从而对学习产生长远的兴趣。

2. 项目目标

通过在线交通小游戏，认识并理解基本的交通信号和规则。

四、教学准备

1. 实验设备

智慧课堂环境，为学生配置平板电脑，平板电脑中应安装有浏览器。

2. 学习资料

提供相应的教学课件、微课等教学素材，打印游戏操作指南或交通规则提示卡片。

五、教学重难点

1. 教学重点

选用合适的数字设备，通过体验模拟真实交通环境的在线游戏，培养学生的安全意识和自我保护能力。

2. 教学难点

在线游戏可能会使学生分心，掌握安全使用网络的方法，防止学生接触不适宜的内容或进行过度游戏。

六、设计思路

1. 教学整体思路

以"交通安全学习周"的话题引入，开展争做优秀"城市交通指挥官"活动，引导学生主动思考获取交通安全知识的途径，带领学生发掘不一样的学习方法：使用数字工具玩在线交通小游戏，并在玩游戏的过程中掌握基本的交通安全规则，培养学生遵守交通规则的意识，并增强他们的安全责任感。

2. 教学流程框架

明确课程目标，理解交通安全的基本规则，通过视频、图片或真实案例，引起学生对交通安全的兴趣；选择有教育意义的在线交通小游戏，解释游戏的规则和玩法，特别是如何运用交通安全知识；把学生分成小组，让他们进行团队协作；讲授浏览器、网址、网页等相关知识，让学生进行游戏比赛，鼓励他们遵守规则和团队合作。学生独立操作游戏，实践所学知识，教师在旁辅导，解答疑问，确保学生理解正确。学生分享游戏中的体验，教师引导学生讨论游戏中的安全应用，以及如何在日常生活中注意交通安全；学生体验其他在线游戏或进行角色扮演活动，将游戏与现实结合。

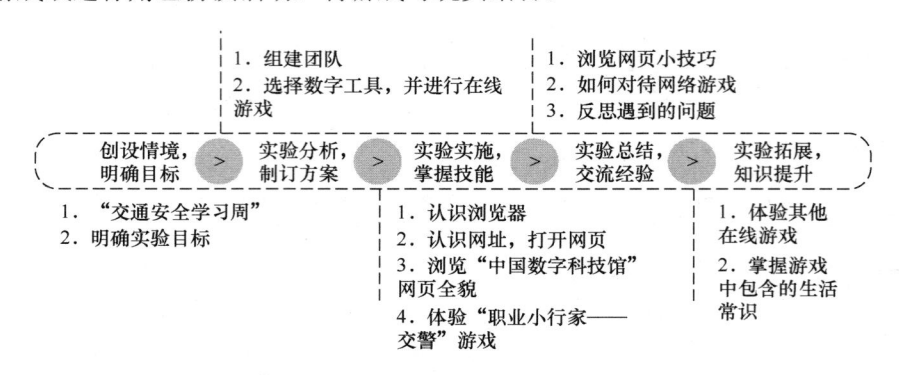

```
              1. 组建团队                      1. 浏览网页小技巧
              2. 选择数字工具，并进行在线       2. 如何对待网络游戏
                 游戏                         3. 反思遇到的问题

   创设情境，    >    实验分析，    >    实验实施，    >    实验总结，    >    实验拓展，
   明确目标          制订方案          掌握技能          交流经验          知识提升

   1. "交通安全学习周"              1. 认识浏览器                  1. 体验其他
   2. 明确实验目标                  2. 认识网址，打开网页              在线游戏
                                   3. 浏览"中国数字科技馆"         2. 掌握游戏
                                      网页全貌                        中包含的生活
                                   4. 体验"职业小行家——              常识
                                      交警"游戏
```

七、学习活动设计

（一）创设情境，明确目标

1. 创设情境

以"交通安全学习周"活动为话题，了解交通安全知识，引导学生主动发掘更多学习方法，如使用数字工具玩在线交通游戏，通过模拟交通警察的角色，理解基本的交通信号和交通规则，成为一名合格的"城市交通指挥官"。

【设计意图：游戏模拟真实的交通环境，不仅可以增加学习的趣味性和参与度，还能有效地传达交通安全的重要信息。】

2. 明确实验目标

通过在线交通游戏，学生能够认识并理解基本的交通信号和交通规则，掌握安全过马路的基本技能，同时知道安全使用网络和游戏，不透露个人信息，不沉迷于网络的重要性。

【设计意图：游戏与实验目标紧密结合，能够让学生在玩乐中学习到相关知识。】

（二）实验分析，制订方案

1. 组建团队，填写实验记录单

组名	
组员	
分工	研究员（ ）；记录员（ ）；发言人（ ）

【设计意图：学生能够在小组游戏中与他人合作，提高沟通与协作能力。】

2. 分析问题，制订方案

通过简单的问答或小测验，检测学生对交通信号和规则的理解程度。

小组讨论，制订方案，填写实验记录单。

数字工具	□台式电脑	□平板电脑	□智能手机	□其他	
实验对象	□文字	□图片	□视频	□音频	□游戏
玩过的网络游戏					
在线交通游戏	网站名：				

【设计意图：通过小测验来进行自我评估，了解自己的长处和需要改进的地方。】

（三）实验实施，掌握技能

1. 认识浏览器

小组讨论打开网页的方式，认识浏览器图标。

2. 认识网址，打开网页

网址→家庭住址。
小组尝试登录"中国数字科技馆"网站。
总结：浏览器＋网址→打开网页。

3. 浏览网页，了解"中国数字科技馆"全貌。

认识导航栏：一般在页面的顶端或者侧面，通过导航栏可以快速地找到想看的内容。记录你感兴趣的栏目。

认识超链接：浏览网页时，观察鼠标的变化。点击鼠标，观察变化，填写实验记录单。

导航栏	我感兴趣的：
超链接	鼠标的变化： 点击鼠标后的变化：
"虚拟生活"栏目	你是如何找到的：

4. 玩游戏，体验"职业小行家——交警"游戏

学生自主尝试，探索不同的游戏关卡，并将所学的交通规则应用于游戏过程中，最后填写实验记录单。

闯关记录	
学到的知识	

【设计意图：通过设定具体的游戏任务，让学生在完成任务的过程中学习并掌握关键知识点。游戏中遇到的挑战和问题可以激发学生的思考，培养他们解决问题的能力。】

（四）实验总结，交流经验

总结游戏过程中掌握的技能、并记录遇到的问题，填写实验记录单。

浏览网页的小技巧	□网页放大　□网页缩小　□"返回"上一个网页　□"刷新"网页 □其他：
如何对待网络游戏	能不能长时间玩游戏？ 能不能给游戏充值？

(续表)

如何对待网络游戏	能不能玩含有暴力打斗等内容的游戏?_____ 关于网络游戏，我们应该注意:_____
反　思	游戏过程中遇到的问题:_____ 你是怎样利用信息科技解决问题的:_____

【设计意图：游戏结束后，对学生的表现进行总结评估，包括对交通规则的理解、信息技术的应用、合作与沟通的能力等。】

（五）实验拓展，知识提升

1. 玩一玩"中国数字科技馆"其他在线小游戏，并记录学到的知识。
2. 实地考察或角色扮演"城市交通指挥官"的活动，将游戏与现实结合。

【设计意图：将信息科技与游戏相结合，让学生在游戏中应用知识。】

八、实验评价

活动评价表：根据你对本节课的掌握程度，点亮☆。

评分项目	评价等级
能够选择合适的数字工具来解决实际问题	☆☆☆☆☆
能够找到在线游戏，掌握基本的游戏操作方法	☆☆☆☆☆
能够分享玩游戏的体验，以及学到的交通规则	☆☆☆☆☆
访问在线游戏时，保护个人隐私，不沉迷网络	☆☆☆☆☆
这节课我点亮了_____颗星	

九、实验教学反思

在小学信息科技课程中，利用在线交通小游戏进行教学是一种创新的教学方式，可以有效提高学生的学习兴趣和参与度。这种教学方式不仅能够让学生在游戏中学习信息科技的基础知识，还能培养他们的安全意识、问题解决能力和合作精神。虽然在线交通小游戏在小学信息科技教学中存在一些难点，但通过合理的教学设计和有效的课堂管理，这些难点是可以被克服的。同时，这种教学方式对学生多方面能力的提升具有重要的促进作用。

（阜阳市实验小学　马翠翠）

第6课　看看在线故事连环画

——在线阅读

教学设计1

一、课标内容

通过生活中的新兴媒体等实例，感受在线社会对学习与生活的影响，合理安排数字设备的使用时间，了解健康使用数字设备的重要性。

二、内容分析

本课的项目活动是看在线连环画。三年级的学生的识字量不是特别多，对于完成大篇幅文字的阅读存在难度，连环画不仅文字量相对较少，其图片加文字的形式更加生动活泼，因此很受低年级学生的喜欢。而且连环画是中华传统文化中一颗璀璨的明珠，承载着几代人的美好回忆。开展此项目活动，既可以让学生体验在线阅读的乐趣，学会收藏和管理网页的技能，又可以让学生体验在线阅读对人们阅读方式的改变，同时让学生进一步了解健康使用数字设备的重要性，并关注数字设备的使用时间。

三、学情分析

学生已经知道常用数字设备的基本操作，能使用浏览器打开网页，对网络有初步的体验和认识，在体验中对健康使用数字设备有了初步的认识。学生们对网络中的各种娱乐形式充满了好奇和求知欲。阅读在线连环画这一项目，匹配三年级学生的阅读能力，学生在阅读中不仅能感受故事的精彩、插图的精美，还可以感受在线阅读对阅读方式的改变，同时在使用中感知健康使用数字设备、保护好眼睛的重要性。

四、学习目标

1. 素养目标

使用数字设备体验在线阅读，了解健康使用数字设备的重要性。

2. 项目目标

尝试使用浏览器在线阅读连环画，体验在线阅读。

五、教学准备

1. 教师准备

智慧课堂环境，安装浏览器的计算机。相应的教学课件、微课、活动记录单等教学素材。

2. 学生准备

掌握数字设备的基本操作方法，知道使用浏览器浏览网页内容。

六、教学重难点

1. 教学重点

如何使用数字工具进行在线阅读，并收藏和管理网页。

2. 教学难点

能使用收藏夹收藏和管理网页，感知在线阅读对阅读方式的改变。

七、设计思路

1. 教学整体思路

本课从学生生活中真实的情境出发，明确项目任务：学生不仅要在网络上阅读连环画，还要将喜欢的连环画收藏起来。由此，教师引导学生分析问题、厘清思路。学生在学习教师提供的学习支架，认识浏览器中的收藏夹；在体验在线阅读，并尝试使用收藏夹收藏和管理网页的过程中，感受在线阅读对阅读方式的改变，思考它的优缺点；同时培养健康使用数字设备，注意在线阅读的时间。

2. 教学流程框架

从学生日常生活中的真实需求出发，引出本节课要做的事情——在线阅读连环画并将喜欢的连环画收藏起来。师生分析并找出完成此项目的一系列关键问题：用什么数字设备？如何找到网络上的连环画？如何操控网页来阅读？怎么收藏其他连环画？教师引导学生自主学习，并适时给出学习支架，帮助学生解决这一系列问题，学生自主体验在线阅读，将未读完的连环画在线保存起来，以便下一次阅读。在整个在线阅读的体验过程中，教师要引导学生思考如何正确进行时间控制并保持良好的用眼习惯。在完成整个项目后，教师还可以提出一些拓展性的问题，激发学生持续学习的兴趣，培养他们探索的意识。这一设计思路能体现做中学、做中悟的教学理念。

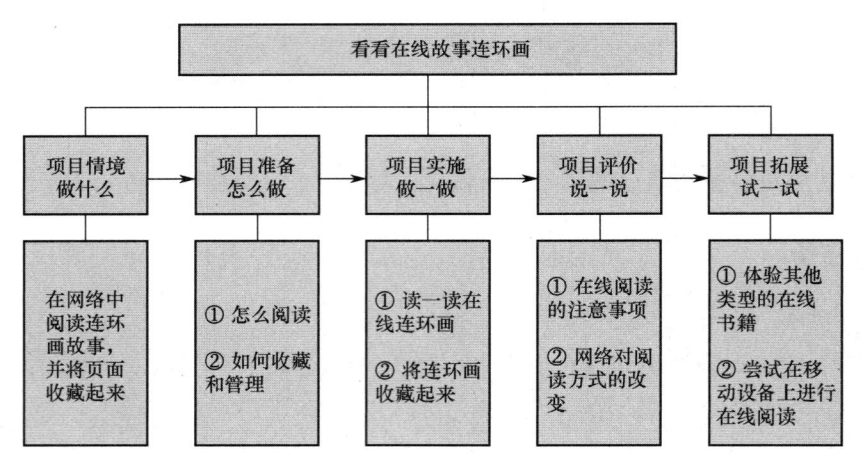

```
                       看看在线故事连环画
    ┌──────────┬──────────┼──────────┬──────────┐
 项目情境    项目准备    项目实施    项目评价    项目拓展
  做什么      怎么做      做一做      说一说      试一试
    │            │           │            │            │
 在网络中    ①怎么阅读   ①读一读在   ①在线阅读   ①体验其他
 阅读连环               线连环画    的注意事项   类型的在线
 画故事，    ②如何收藏                            书籍
 并将页面    和管理      ②将连环画   ②网络对阅
 收藏起来                收藏起来    读方式的改   ②尝试在移
                                     变          动设备上进
                                                 行在线阅读
```

八、学习活动设计

教学环节	学习内容	设计意图
项目情境	听一听李徽遇到的问题；想一想自己在学习和生活中有没有遇到类似的情境，根据经验说一说自己初步的想法和思路； 学生交流，明确本节课要完成的项目任务，并积极参与。 **教师**：揭示课题，创设真实的情境，引导学生以主人翁的身份，主动地、积极地去完成情境中的问题	创设真实的情境，激发学生进行尝试和体验的兴趣。在解决真实问题的过程中，感受网络对阅读方式的改变

第 2 单元　体验在线课余生活

(续表)

教学环节	学习内容	设计意图
项目准备	观看教师准备的视频，说一说曾经读过的在线电子读物，使用的数字工具，并说出在线电子读物的类型。 选择并使用浏览器去阅读在线连环画。思考如何将连环画的页面收藏起来。 观看微课，认识收藏夹并知道如何使用它。 教师：用一系列的问题，引导学生思考并探究，适时给出学习支架，引导并帮助学生找到解决问题的方法，形成有体系的知识链	明确"看什么—用什么看—怎么看"，形成解决问题的基本思路。 初步了解收藏夹，为后面的项目实施做准备
项目实施	使用浏览器，找到并打开在线连环画阅览室。选择喜欢的故事进行阅读，在体验的过程中学会并掌握一些操作技巧。 将喜欢的页面添加到收藏夹中，方便再次阅读；尝试删除收藏夹中不再需要的网页，养成定期整理收藏夹的好习惯。 完成活动记录单中的项目实施部分。 教师：引导学生自主体验在线阅读和收藏管理，在实际操作中进行迭代学习。教师关注学生的完成情况，指导学生完成活动记录单中的项目实施部分	让学生用习得的知识、寻找到的方法进行大胆尝试，将习得的知识和技能应用到生活实际问题中，独立完成网络阅读和收藏网页的体验
项目评价	说一说使用浏览器在线阅读连环画并将其网页收藏起来的过程；在分享和交流的过程中，总结和归纳。 思考并交流在线阅读时要培养哪些良好的阅读习惯。 对比在线阅读和传统阅读的形式，谈一谈网络对阅读的改变和自己真实的感受。 完成活动记录单中的分享交流部分。 教师：通过提出启发式的问题，引导学生主动思考，鼓励他们交流和分享。指导学生完成活动记录单中的分享交流部分	让学生对自己在项目活动中的表现进行评价。同时，鼓励学生在梳理活动中去发现、思考和感悟，建构知识，提升素养
项目拓展	尝试阅读其他类型的在线书籍，并推荐给同学。 在移动设备上在线阅读书籍，并尝试进行收藏和管理。 说一说自己的活动体验，完成学生活动记录中的总结评价部分。 教师：引导学生尝试、体验、分享、交流，完成总结评价，让学生对自己学习情况进行反馈	拓展延伸，引导学生勇于探究和尝试。 小结本课收获，积累方法

九、板书设计

```
        第6课  看看在线故事连环画
    1．用什么数字工具 ──→ 浏览器 ──→ 有哪些功能
    2．如何将网页收藏 ──→ 收藏夹 ──→ 如何管理

    说一说：看了什么？
            收藏了哪些？管理了什么？
    思考：在线阅读对传统阅读方式有哪些改变？
```

附：活动记录单

项目实施	**活动一：读一读在线连环画** 阅读"国家少儿数字图书馆"网站中的连环画。 　　我阅读的连环画故事名字是_____。 　　我的选择理由是_____。 　　请用一句话概括这个故事： 　　_____。 **活动二：将连环画收藏起来** 将喜欢的在线连环画收藏起来，方便再次找到并阅读它。 　　我的收藏夹里有（　）个网页； 　　它们分别是： 　　_____。
分享交流	根据阅读体验，说一说，在线阅读时要有哪些良好的习惯？ 　　1. 你觉得在线阅读_____时间后就应该休息一下眼睛。 　　2. 在线阅读时，你觉得还要培养哪些良好的习惯？ 　　_____。 对比在线阅读和传统阅读的形式，说一说网络对阅读的改变和你的感受。 　　1. 我觉得在线阅读有很多优势，如资源丰富，还有 　　_____； 　　2. 我觉得传统阅读也有很多好处，如阅读的体验感更强一点，还有 　　_____。
总结评价	完成活动评价，对学习情况进行反馈，点亮自己的小星星。 | 评分项目、评分标准及分值		评价等级
---	---	---
分析与规划	项目主题明确、任务分析合理	☆☆☆☆☆
工具与方法	使用浏览器进行在线阅读；会使用收藏夹收藏和管理网页	☆☆☆☆☆
核心知识	选用恰当工具，体验在线阅读	☆☆☆☆☆
	培养良好的在线阅读习惯	☆☆☆☆☆
项目探究成果	能够使用浏览器体验在线阅读，收藏和管理网页	☆☆☆☆☆
这节课我点亮了____颗星			

（马鞍山市第七中学　鲍却寒）

第 2 单元 体验在线课余生活

教学设计 2

一、课标内容

通过生活中的新兴媒体等实例，感受在线社会对学习与生活的影响，合理安排数字设备的使用时间，了解健康使用数字设备的重要性。

二、内容分析

本课的活动是在线阅读连环画，阅读在线连环画能够提高三年级学生的阅读能力，学生在阅读中，能感受到故事的精彩、插图的精美及在线阅读对阅读方式的改变。学生在体验在线阅读的过程中，能够掌握相关技能，发现问题、分析问题和解决问题，并认识到健康使用数字工具的重要性，体会在线阅读对人们阅读方式的改变。

三、学情分析

此前，三年级学生已经有了在线学习的经历，大部分学生对在线阅读也有一定的经验。但是学生在线阅读时只关注文字和图片，而不知道音频、视频等也属于在线阅读的内容。因此，在授课中，教师需引导学生体会在线阅读与传统阅读的不同之处。在线阅读时，学生也会误认为电子图书是可以随便下载的，这个想法其实是不对的，他们需要知道电子图书是受知识产权保护的，很多电子图书是不能随意被下载的。

四、学习目标

1. 素养目标

使用数字设备体验在线阅读，能够健康使用数字设备。

2. 活动目标

尝试使用浏览器在线阅读连环画，体验在线阅读。

五、教学准备

1. 教师准备

智慧课堂环境，提供相应的教学课件、微课、活动记录单等教学素材。

2. 学生准备

掌握数字设备的基本操作方法，能够使用浏览器浏览网页内容。

六、教学重难点

1. 教学重点

如何使用数字工具进行在线阅读，体会在线阅读与传统阅读的不同之处。

2. 教学难点

学会使用收藏夹收藏和管理网页，感知在线阅读对人们阅读方式的改变。

七、设计思路

1. 教学整体思路

本课从学生生活中真实的情境出发，明确活动任务，引导学生去分析问题、厘清思路；学生根据教师提供的学习支架，自主探究浏览器中的收藏夹功能并掌握其使用方法，并在体验在线阅读过程中，感受在线阅读对阅读方式的改变，思考其优缺点，培养健康使用数字设备的习惯。

2. 教学流程框架

从学生日常生活中的真实需求出发，引出本节课要做的事情——在线阅读连环画并将喜欢的连环画收藏起来。师生分析并找出完成活动的方法和思路：用什么数字设备？如何找到网络中的连环画？如何操控网页来阅读？怎么收藏其他连环画？引导学生自主学习，提供相关的学习支架，帮助学生解决这一系列问题。这一系列设计可以体现做中学、做中悟的教学理念。

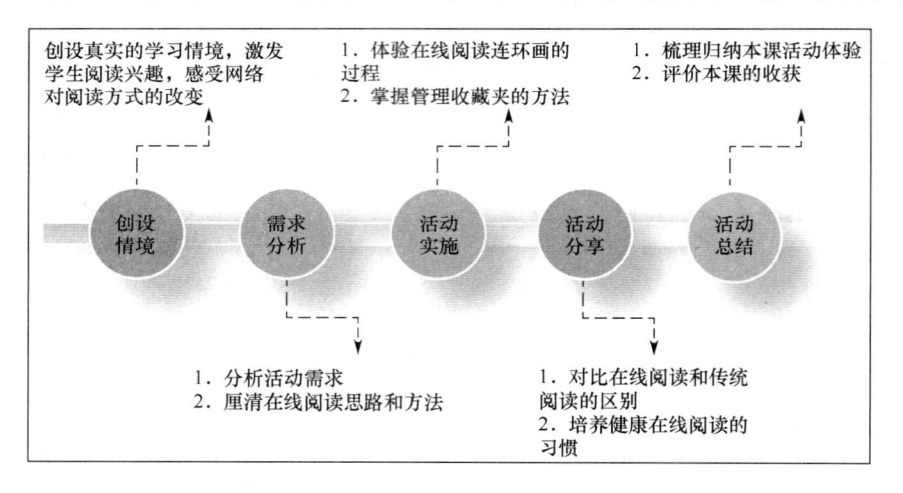

```
创设真实的学习情境，激    1. 体验在线阅读连环画的    1. 梳理归纳本课活动体验
发学生阅读兴趣，感受网络     过程                      2. 评价本课的收获
对阅读方式的改变           2. 掌握管理收藏夹的方法

    创设      需求      活动      活动      活动
    情境      分析      实施      分享      总结

              1. 分析活动需求           1. 对比在线阅读和传统
              2. 厘清在线阅读思路和方法     阅读的区别
                                       2. 培养健康在线阅读的
                                          习惯
```

八、学习活动设计

（一）创设情境，引出问题

1. 4月23日是世界读书日，书籍可以帮助我们增长知识，获得本领，是我们的好帮手。你们喜欢阅读吗？

2. 你们平时喜欢在哪里阅读书籍呢？

3. 学生交流汇报。

4. 今天我们就和李徽一起走进在线阅读。

揭示课题，引出新课。

【设计意图】：创设真实的学习情境，激发学生探究和体验的兴趣，感受网络对阅读方式的改变。】

（二）需求分析，制订方案

提出问题：进行在线阅读，需要做哪些准备？

小组讨论交流，填写活动记录单。

数字设备	□台式电脑	□平板电脑	□其他_____
数字工具	□浏览器	□阅读软件	□其他_____

提出问题：如何进行在线阅读呢？

小组讨论交流，厘清阅读思路，制订本组阅读方案，填写活动记录单。

在线阅读步骤	

【设计意图】：通过小组讨论与分析，制订初步的阅读方案，拓展学生思维，培养学生解决问题的能力。**】**

（三）活动实施，掌握技能

1. 了解在线电子读物的类型

小组探究交流汇报，填写活动记录单。

喜欢哪种类型的电子读物	□纯文字读物　□连环画　□有声绘本　□其他_____

教师提供相关的学习支架（微课、课件等）。

2. 尝试使用收藏夹

提出问题：如何将连环画的页面"收藏"起来？

问题聚焦：使用收藏夹收藏网页，可以给我们带来哪些便利？

小组尝试使用收藏夹收藏和管理网页，体会收藏夹的作用，并填写活动记录单。

收藏夹的作用：_____。

教师提供相关的学习支架，引导学生关注在线图书数字版权的重要性。

3. 在线阅读图书

提出任务：使用浏览器，找到并打开在线连环画阅览室。选择喜欢的故事开始阅读，在体验的过程中学会并掌握一些操作技巧。

小组合作探究，填写活动记录单。

我阅读的连环画故事名字	
这本书是哪种类型的电子书	
概括这本电子书的内容	
掌握哪些操作技巧	

【设计意图】：在做中学，创中学，培养学生利用信息科技解决实际问题的能力。**】**

（四）活动分享，交流体会

1．分享使用浏览器进行在线阅读连环画并将其网页收藏起来的活动体验。

我的收藏夹里有几个网页	
是否需要定期整理收藏夹	
整理收藏夹的技巧	
反思为什么要整理收藏夹	

2．对比在线阅读和传统阅读的方式，谈一谈网络对阅读的改变和自己真实的感受。思考并交流在线阅读时要培养哪些良好的阅读习惯。

在线阅读和传统阅读的区别	我觉得在线阅读有很多优势，如资源丰富，还有_____。 我觉得传统阅读也有很多好处，如阅读的体验感更强一点，还有_____。
我喜欢哪种阅读方式	□在线阅读　　　□传统阅读
在线阅读时要培养哪些良好的阅读习惯	我觉得在线阅读_____（填写时间）后就应该休息一下眼睛。 在线阅读时，你觉得还要培养哪些良好的阅读习惯？_____。

【设计意图：学生在分享活动的过程中发现、思考和感悟，以此来建构知识，提高核心素养。】

（五）活动总结，知识提升

1．回顾本课的活动体验，完成活动记录单中的总结评价部分。

2．课后作业：课后阅读在线书籍，并将书籍推荐给同学；课后尝试在移动设备上在线阅读书籍。

【设计意图：拓展延伸，梳理归纳本课收获。】

九、板书设计

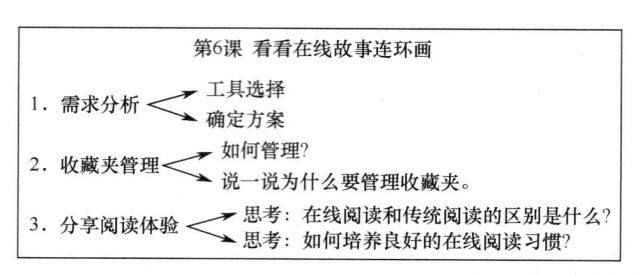

```
第6课　看看在线故事连环画

1．需求分析 ──→ 工具选择
              确定方案

2．收藏夹管理 ──→ 如何管理？
                说一说为什么要管理收藏夹。

3．分享阅读体验 ──→ 思考：在线阅读和传统阅读的区别是什么？
                  思考：如何培养良好的在线阅读习惯？
```

（淮北市人民路学校　谢巍）

十、评价设计

评分项目	评价等级
项目主题明确、任务分析合理	☆☆☆☆☆
选用恰当工具,体验在线阅读	☆☆☆☆☆
能够合理、健康地使用数字工具,养成良好的在线阅读习惯	☆☆☆☆☆
能够使用浏览器体验在线阅读,收藏和管理网页	☆☆☆☆☆
这节课我点亮了_____颗星	

第 7 课　逛逛在线自然博物馆
——在线参观

教学设计 1

一、课标内容

通过生活中的新兴媒体等实例,感受在线社会对学习与生活的影响。

二、内容分析

在线参观自然博物馆活动,运用虚拟现实技术和全景展示的形式,打破了地域限制,使学生能够近距离接触大自然的奇妙世界,从而更好地理解自然界的奥秘。这种开放获取知识的模式加速了科学发现的进程,还让学生体验到在线生活的便捷性,并理解在真实与虚拟深度结合的信息社会中,培养良好的社会责任意识的重要性。

三、学情分析

通过前面的学习,学生已经能够独立使用计算机进行网站浏览及简单的文字输入,这为本次课程的在线参观提供了技术支持。在线自然博物馆为学生提供了一个虚拟的学习环境,这对三年级的学生来说十分有价值,因为他们正处于好奇心旺盛、求知欲强的年龄段,对自然博物馆内的恐龙、动植物等展品表现出浓厚的兴趣,会主动、积极地探索相关信息。

四、学习目标

1. 素养目标

能够根据要求,合理选用数字设备,并遵守在线参观的行为规范,进一步加深对资源共享的理解。

2. 项目目标

通过在线博物馆资源,进行信息收集和分析,识别不同的动植物物种,理解生物的多样性及重要性。

五、教学准备

1. 教师准备

多媒体网络教室，在电脑中安装浏览器。教师提供相应的教学课件、微课、活动记录单等教学素材。

2. 学生准备

知道如何使用数字设备进行上网、资料搜索，并参与互动活动，提前了解一些基础的自然科学概念，为将要探索的内容打好基础。

六、教学重难点

1. 教学重点

参观在线自然博物馆时，体验热点交互。

2. 教学难点

参观在线自然博物馆，了解动物的习性，体会网络给生活带来的变化。

七、设计思路

1. 教学整体思路

穿越时空，作为"网络探险家"，去观察那些已经灭绝的古生物，开启精彩绝伦的探索之旅，同时设定 3 个主要目标：首先，要学习如何使用互联网来探索这个在线自然博物馆；其次，像真正的科学家一样，观察并了解不同的动植物物种，记录自己探索动植物物种的过程与结果；最后，分享一种自己最感兴趣的动植物物种，并讲述它的有趣故事。

2. 教学流程框架

本课教学旨在强调在线生活对人类的重要作用，阐明科技是推动在线生活的有效助力，引导学生按"明确探险的目的—摸索探险的方法—依据方法进行探险并记录探险过程—展示探险成果"的步骤解决问题，最后使用在线方式解决生活中遇到的问题，了解信息对解决问题的帮助。

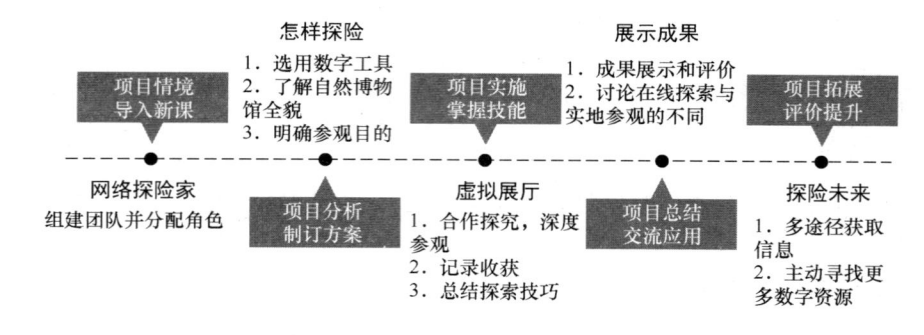

八、学习活动设计

教学环节	学习内容与活动	设计意图
项目情境 导入新课	**创设情境**：你是一名网络探险家，穿越时空来观察那些灭绝的古生物，讲解世界上最奇特的动植物。 讲解同时，利用多媒体工具，如电子白板或投影仪，显示在线自然博物馆的登录界面和宣传视频。 **组建团队**：分成多个小组，并在每个小组中分配不同角色，如研究员、记录员、发言人等	以"网络探险家"为项目情境，增加学生的期待感，并以一段精彩的宣传片作为引入，让学生看到即将探索的平台，激发学生的探索欲望
项目分析 制订方案	**1. 需求分析，确定合适的数字工具。** 小组讨论或搜索网络，填写活动记录单。 **2. 尝试登录网站，了解自然博物馆的全貌。** **3. 如何进入在线展厅？** 运用旧知，应用导航栏和超链接找到在线展厅位置。 **4. 分析比较5个在线展厅的大概内容，确定项目目标。** 小组讨论交流，分析研究内容，选择一个在线展厅，确定研究的项目，填写活动记录单。 **5. 根据项目分析，制订方案。** 小组合作探究，制订参观方案，规划参观路线，填写活动记录单	采用问答、讨论等形式，鼓励学生积极参与课堂活动，以提高学习的互动性和趣味性。 个性化的自选项目旨在鼓励学生深入探索感兴趣的领域，便于他们进行深入思考、提问和探索，从而使他们对学习内容有更深层次的理解
项目实施 掌握技能	**1. 在线参观，查阅资料。** 尝试从不同角度观察感兴趣的内容，查阅相关资料，并比较文字类型资料和视频类型资料的不同，体验全屏显示功能。 **2. 在线交流，分享评论。** 运用展厅里的留言、弹幕、点赞、分享等功能进行在线评论与交流，要使用文明用语，健康交流。 **3. 记录收获，总结探索技巧。** 小组讨论后，填写活动记录单	精心规划参观路线，能够将课堂知识与实际情境相结合，增强学生对知识的理解和应用，丰富学生的学习体验
项目总结 交流应用	**1. 知识归纳。** 分享在线参观时掌握的技巧和知识，并对其他团队的研究成果提出疑问。 **2. 综合运用。** 挑战"动植物分类大挑战"游戏。 **3. 讨论交流。** 你还想探索哪些神奇的生物？ 在线参观与实地参观有什么不同？ 小组讨论交流或在线查阅相关资料	鼓励学生积极表达自己的想法，并对他们的发现给予正面的反馈和表扬，以提高他们的自信心和参与积极性
项目拓展 评价提升	**1. 项目评价。** 谈一谈这节课的收获，并填写活动评价表。 **2. 拓展延伸相关资源。** 生活中的"云旅游"。 深入进行在线参观，如中国数字科技馆、北京天文馆、全景故宫……	让学生学会自主学习，能够在自主探索中获取更多的知识

九、板书设计

第7课　逛逛在线自然博物馆

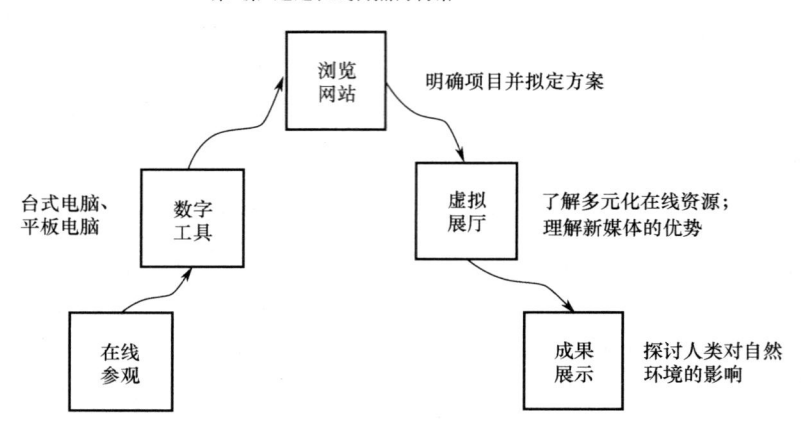

台式电脑、平板电脑 → 数字工具 → 浏览网站 → 明确项目并拟定方案

数字工具 → 虚拟展厅 → 了解多元化在线资源；理解新媒体的优势

在线参观 → 数字工具

虚拟展厅 → 成果展示 → 探讨人类对自然环境的影响

附：活动记录单

一、学习准备

组名	
组员	
分工	研究员（　　　）、记录员（　　　）、发言人（　　　）

二、学习目标

学习目标	

三、学习任务

1. 需求分析

数字工具	□台式电脑　　□平板电脑　　□智能手机　　□其他
在线参观动植物类型	
我想了解	□名称　　□外形　　□生活习性　　□其他_____

2. 项目分析，制订方案

确定项目	
制订方案	进入在线展厅：□古哺乳动物　　□无脊椎动物的繁荣　　□人之由来 　　　　　　　　□神奇的非洲　　□植物世界
	参观路线：

3. 实施项目，掌握技能

实施项目	在线参观，查阅资料，记录和观察了解到的动植物：_____。 从文字资料中了解到：_____ _____。 从视频资料中了解到：_____ _____。 我的见解：_____ _____。
掌握技能	1. 尝试使用全屏显示功能。 2. 分享交流：利用展厅里的留言、弹幕、点赞、分享等功能在线评论交流，注意文明用语，健康交流。 我要分享的操作技能：_____ _____。

四、反馈小结

1. 通过在线虚拟参观，我知道了：_____
2. 在线参观时，遇到的问题：_____
3. 在线参观与实地参观有什么不同？
   _____
4. 你还想继续探索哪些神奇的生物？
   _____

五、项目评价，课堂延伸

1. 相关资源：生活中的"云旅游"。

   深入进行在线参观，如中国数字科技馆、北京天文馆、全景故宫……

2. 活动评价表：根据你对本节课的掌握程度，点亮☆。

评分项目	评价等级
能选择合适的数字工具来解决实际问题	☆☆☆☆☆
使用平台互动功能，可以操控参观路线	☆☆☆☆☆
知道网络信息需要筛选与辨别	☆☆☆☆☆
信息收集和分析，记录研究数据和发现	☆☆☆☆☆
这节课我点亮了____颗星	

（阜阳市实验小学　马翠翠）

教学设计 2

一、课标内容

通过生活中的在线实例，感受在线社会对学习与生活的影响。

二、内容分析

本课的活动内容是在线参观。通过创设帮助李徽参观在线自然博物馆的真实情境，让学生感受虚拟现实下的在线参观。整个活动过程旨在让学生从体验在线参观的过程中，掌握在线操控的基本技能，并感受虚拟现实技术对人们生活和学习的改变。

三、学情分析

学生经过前面的学习活动，认识了浏览器等网络工具，掌握了上网的基本技能。三年级学生正处于对新鲜事物充满好奇心和求知欲的阶段，因此会对使用虚拟现实技术参观在线自然博物馆充满兴趣。本课抓住了学生这一真实需求，将体验在线参观与学习在线参观操作技能相结合，引导学生独立探究本课活动，这对提升教学效果有事半功倍的作用。

四、学习目标

1. 素养目标

使用数字设备进行在线参观，并选择合适的方式获取有用的信息。

2. 活动目标

通过在线参观自然博物馆，了解喜爱动物的习性。

五、教学准备

1. 教学环境

智慧课堂环境，平板电脑中安装浏览器。

2. 资源准备

相应的教学课件、微课、活动记录单等教学素材。

六、教学重难点

1. 教学重点

选用合适的数字工具进行在线参观。

2. 教学难点

使用数字工具在线参观自然博物馆。

七、设计思路

1. 教学整体思路

本课创设参观在线自然博物馆的真实情境,旨在激发学生的学习兴趣。教师首先利用学生的求知欲和好奇心,布置活动任务,让学生分析用哪种数字工具进入在线展厅,并了解展厅页面内容;然后,让学生根据自己的兴趣爱好,规划厘清参观步骤,明确本次参观的目标和学习任务;最后,让学生在参观体验过后,分享本次参观了解到的动物知识和参观技巧。整个教学过程以学生的体验、思考和感悟为主,使他们能够发现问题、分析问题、解决问题,并以实验任务为引导,提高他们的信息科技素养。

2. 教学流程框架

本课以学生进行在线参观为主线,引导学生思考解决问题的方法,感受在线社会对学习与生活的影响。

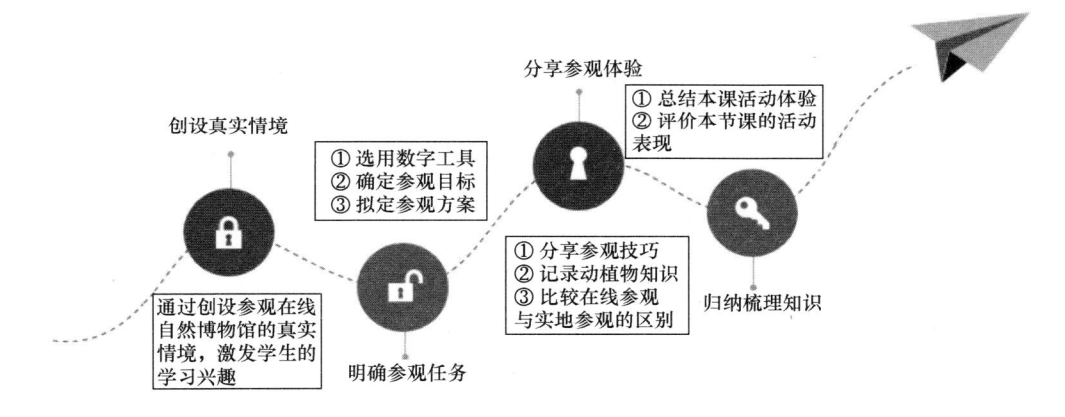

八、学习活动设计

教学环节	学习内容与活动	设计意图
创设情境 提出问题	1. 教师:科学课上,老师介绍了丰富的动物知识,李徽对此产生了极大的兴趣,他很想亲身去自然博物馆参观,可是他的父母工作忙,没时间陪他去,同学们可以帮助他通过在线的方式进行参观吗? 课件上播放介绍自然博物馆的视频。 学生交流回答。 2. 教师:我们和李徽一起在线参观自然博物馆吧。 揭示新课,板书课题	创设真实的生活情境,提出问题,激发学生探究的兴趣
聚焦问题 设计实验	1. 需求分析 说一说在线参观自然博物馆需要做什么准备? 梳理关键问题:需要哪些数字工具?如何登录自然博物馆的官网? 教师引导学生使用微课等资源完成任务。 学生学习交流,自主探究,选择合适的方法登录自然博物馆的官网,填写活动记录单	初步探究,选用数字工具,为后面的实践活动做准备

(续表)

教学环节	学习内容与活动	设计意图
聚焦问题 设计实验	2．浏览自然博物馆网页内容 比一比，学生自主探究看看谁能最快查找在线展厅入口。 请学生说一说在线展厅的名称及数量。 学生汇报，填写活动记录单。 3．设计实验 设计任务：确定参观需求，拟订参观方案 学生浏览在线展厅全貌，初步明确需要查找的信息。 想了解的动物：＿＿＿＿＿＿＿＿＿＿＿＿＿＿＿ 教师引导学生要注意各个场馆的特点和分类，制订符合本组参观任务的方案。 小组梳理参观思路，明确需要了解动物的特点信息，尝试拟订参观方案，填写活动记录单。	明确参观任务，小组交流、讨论、确定参观方案
活动实施 探寻方法	1．实验探究 实验任务：学生根据参观方案，进行在线展厅探究，尝试从不同角度观察感兴趣的内容，记录要了解动物的特点，验证方案的可行性。 教师引导学生利用虚拟现实技术，尝试体验从在线展厅提供的文字、图像、视频等信息中多角度地了解动物特点，提供微课等相关学习支架。 学生讨论优化参观方案，总结实验结果：寻找快速查找动物的方法（可以查看展厅档案、使用搜索关键字等方法快速查找动物），填写活动记录单。 2．通过交互体验，了解动物细节 学生比较文字、视频等资料，体验在线参观，了解相关知识，探究、分享操作技巧。 教师引导学生利用展厅里的留言、弹幕、点赞、分享等功能进行在线评论与交流，注意文明用语。 小组记录动物特点，总结在线交互操作的技巧，填写活动记录单。	学生大胆尝试。教师适时给出相关知识支架，引导学生优化参观方案。 学生体验交互操作，在探寻动物知识特点的过程中，掌握操作技巧
活动评价 体验感受	1．小组活动成果展示 学生从参观体验、视觉感受等方面多维度地对小组探究成果进行评价，并分享探究过程中的操作技巧，填写活动记录单。 2．谈一谈在线参观与实地参观的区别 从参观方式、视觉体验等方面，交流讨论在线参观、实地参观的区别，以及自己喜欢的参观方式。 小组交流讨论汇报，并填写活动记录单。	通过活动，学生体验在线参观的技巧和方法，体会在线社会对学习与生活的影响
活动总结 拓展应用	1．请学生说一说这节课的收获。 2．学生进行自我评价，并完成活动评价表。 3．课后作业：网络上还有很多在线旅游的网站，请尝试查找并参观其中一些网站，记录自己的参观心得以备下节课与大家分享使用	总结并评价本课的收获

九、板书设计

```
第7课 逛逛在线自然博物馆

1. 自主选择合适的数字工具

2. 参观在线自然博物馆 ——→ 明确参观目标
                      ——→ 确定参观方案

3. 记录、分享活动体验 ——→ 分享操作体验
                      ——→ 记录动物知识
```

附：活动记录单

1. 小组分工

组名	第_____组
组员	
分工	探究员（　　　）、记录员（　　　）、汇报员（　　　）

2. 活动需求

选用合适的数字工具	□台式电脑　□平板电脑　其他_____
我想了解的动物类型是	
它在哪个展厅可以看到	□古哺乳动物　□无脊椎动物的繁荣　□人之由来　□神奇的非洲　□植物世界
我想了解它们的哪些特点	□名称　□外形　□生活习性　其他_____

3. 拟订参观方案

步骤	内容
1	
2	
3	

4. 探究体验

参观的展厅是	
了解的动物有	1. _____特点：_____ □文字类型　□视频类型　其他_____ 查找动物的方法： 2. _____特点：_____ □文字类型　□视频类型　其他_____ 查找动物的方法： 3. _____特点：_____ □文字类型　□视频类型　其他_____ 查找动物的方法：
通过在线参观，我学会了	

(续表)

在线参观与实地参观的区别	视觉感受：
	参观感受：

5. 活动评价表（根据本节课你的实际学习情况，给☆涂上颜色，进行评价）

评分项目、评分标准及分值		评价等级
分析与规划	项目主题明确、团队任务分配合理	☆☆☆☆☆
核心知识	选用合适的数字工具，选择合理的方法进行在线参观	☆☆☆☆☆
	掌握在线参观自然博物馆的技巧，了解动物的习性	☆☆☆☆☆
项目探究成果	体验在线参观过程，能获取到自己需要的信息	☆☆☆☆☆
这节课我点亮了_____颗星		

（淮北市人民路学校　谢巍）

第8课　学唱欢快动听的歌曲

——在线视听

教学设计1

一、课标内容

能够根据不同的活动要求，选用合理的数字设备，并可以遵守数字设备的使用规范，进一步加深对资源共享的理解。

二、内容分析

在小学信息科技课程中融入音乐学习，贴近学生生活场景，借助现代技术来探索和享受音乐，占领生活的主阵地。课程强调使用合适的在线搜索方式进行问题解决，注意问题解决过程和方法的引导，因此，在教学过程中，联系学生的真实体验，引导学生探究技术应用背后的"科学"，让他们掌握简单的技术操作，关注应用的过程与方法，这样既能提高学生的信息科技应用能力，又能丰富学生的艺术修养。

三、学情分析

基于前面课程的学习，三年级的学生有了初步的信息科技应用基础，同时对信息科技保持较大的学习兴趣和好奇心，大多数学生能比较熟练地使用电子设备查找信息，但缺少利用在线方式解决实际问题的系统思维，对搜索方法、安全问题缺少系统的认识。本课要注意引导学生利用适合的在线方法来搜索信息、解决问题，并将其"反馈"于生活来解决更多类似的问题，进而提高在线生活的效率。

四、学习目标

1. 素养目标

能够根据任务需求灵活选取数字设备，在线试听音乐，从容面对不断更新的在线信息、丰富多元的在线资源、随选随用的在线工具，感受在线生活中科技的魅力，同时遵守相关规范，学会保护个人隐私。

2. 项目目标

利用现代技术来探索和欣赏音乐，选择合法渠道进行音乐试听，提高音乐的版权意识，主动并有效地利用技术来改善生活品质。

五、教学准备

1. 教师准备

（1）准备智能手机或平板电脑，并在其上安装常用的音乐播放器；
（2）教室内安装音箱设备，以便演示时使用；
（3）准备教学课件，包含音乐播放应用的使用教程和版权知识的介绍。

2. 学生准备

（1）学生应有自己的数字设备，如平板电脑或智能手机；
（2）准备个人耳机，以便在试听过程中不干扰他人。

六、教学重难点

1. 教学重点

（1）能够安全、有效地使用数字设备在线试听音乐；
（2）了解音乐版权的概念，知道尊重原创作品，增强保护个人信息的意识。

2. 教学难点

（1）安全使用互联网，理解合法使用音乐的重要性；
（2）了解不同的音乐平台及其特点。

七、设计思路

1. 教学整体思路

本节课以旅游为主题，通过在线试听音乐来丰富旅途体验，向学生介绍课程目标，即探索音乐王国——学习如何利用手机在线试听音乐。教学内容包括引导学生讨论是否曾经在线试听过音乐，使用过哪些应用或网站；在选择工具时，鼓励学生在线搜索相关软件，并通过在线交流或在线投票的方式快速确定所需软件；指导学生将作品发布到网络平台中，进行在线分享与交流；最后引导学生探讨音乐版权的重要性，并强调注意网络安全。

2. 教学流程框架

首先，分析项目需求，确定项目主题，即在线试听音乐；接着，寻找解决项目问题的方法，分配任务，讨论交流，占领生活的主阵地，引导学生讨论如何合理选用设备。项目实施过程中，强调利用合适的在线搜索方式进行问题解决，注意问题解决过程和方法的引导，在必要的时候进行知识与技能的教学，让学生以小组分工的形式协同创造作品。项目评价时，让学生思考音乐版权的重要性，并强调注意网络安全。整个创作过程是学生利用各种在线方式进行学习的过程，也是学生感受数字化学习与创新的过程。

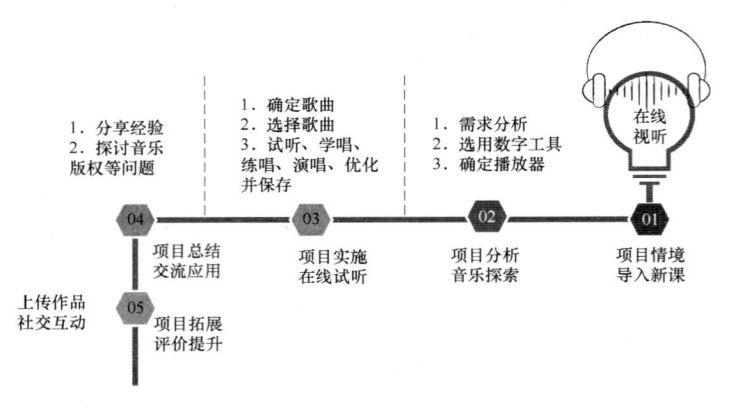

八、学习活动设计

教学环节	学生活动	设计意图
项目情境 导入新课	**创设情境**：旅途中，交通时间是休息和放松的好时机，应该怎么度过交通时间呢？ **分析**：使用音乐播放器，播放一些自己喜欢或感兴趣的音乐，这样仿佛可以缩短旅途时间，享受音乐的同时还能获得新的知识。 **总结**：探索音乐王国——在线试听音乐。 **组建团队**：分组，并给组员分配不同的角色，如技术员、金话筒员、汇报员等	音乐播放器可以提供高质量的音频流媒体服务，使学生能够随时随地获取丰富的音乐资源
项目分析 音乐探索	1. **需求分析**：希望获得什么样的学习环境？ 参考活动记录单，进行小组讨论交流并填写。 2. **确定数字工具**： 根据需求分析，小组确定合适的数字工具进行在线试听。 3. **确定播放器**： 探讨思考：是否曾经在线听过音乐？使用的是哪些应用或网站？可以在线搜索相关软件，了解这些软件的特点和功能，通过在线交流或在线投票的方式快速确定所需软件，并填写活动记录单。 4. **欣赏体验**： 欣赏不同风格类型的音乐，如流行、古典、民谣等，进行分析和比较	通过试听来自世界各地的音乐，学生可以了解不同的音乐文化，从而增强对音乐文化的理解，提高学习音乐的兴趣

第 2 单元 体验在线课余生活

（续表）

教学环节	学生活动	设计意图
项目实施 在线试听	**1. 确定歌曲** 分享、交流各自的音乐喜好和体验，各小组确定一首适合旅途听的歌曲，并填写活动记录单。 **2. 实践演示** 观看实际操作数字设备的微课视频，熟悉音乐播放流程。 **3. 搜索歌曲** 小组内进行探讨，尝试使用在线搜索法和分类查找法寻找喜欢的歌曲，并分析、比较两种方法的优点。 **4. 试听歌曲** 在线试听、收藏自己喜欢的歌曲。 **5. 学唱歌曲** 思考如何暂停或播放歌曲，并动手尝试。 如何切换原唱与伴奏？如何控制歌曲进度？ **6. 练唱歌曲** 小组成员思考如何分段练唱，练唱前要熟悉音乐内容，讨论后填写活动记录单。 **7. 优化并保存歌曲作品** 尝试调整音量和音效。 提示：遇到问题时，可以随时搜索相关微课来寻找解决办法，或通过在线交流的方式请教老师和同学	在线学唱歌曲环节，重点鼓励学生分析和评价音乐作品的结构、和声、节奏和风格等，以提高其音乐素养
项目总结 交流应用	**1. 分享总结** 每个小组分享该组的操作经验和找到的音乐。总结使用手机听音乐的优点和可能遇到的问题，思考使用在线音乐平台进行学习的优缺点，提出改进建议。 **2. 音乐版权** 探讨音乐版权的重要性及其在在线音乐分享中的作用。 **3. 思考个人信息保护** 不要在网上透露姓名、地址、电话号码等敏感信息。 安全提示：在线听音乐时要注意一些事项，如不点击不明链接、不随意下载未知来源的应用等	收集学生对音乐作品的反馈和评价，并根据这些信息调整教学内容和教学方法，实现更有效的教学。 总结本课学习要点，强调安全、合法使用网络资源的重要性
项目拓展 评价提升	**1. 互动环节** 模拟创建个人歌单，通过歌单猜测其喜欢的音乐风格。 **2. 创意任务** 利用课外时间探索不同的音乐播放器，记录自己的发现和体验，以待下次课的分享。 **3. 社交互动** 体验社交功能，创建个人音乐档案，分享歌曲到社交网络，查看好友的音乐动态等	让学生学会拓展其他在线视听资源，能在课外进行自主学习和练习，培养他们的自学能力和终身学习的习惯

九、板书设计

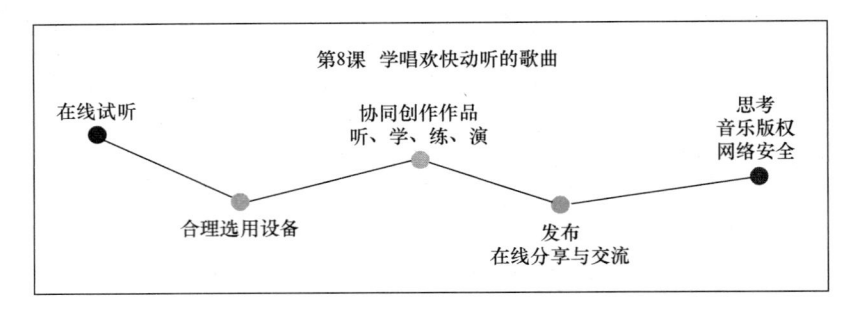

```
                第8课  学唱欢快动听的歌曲

   在线试听          协同创作作品                    思考
                   听、学、练、演                  音乐版权
                                                网络安全

           合理选用设备          发布
                              在线分享与交流
```

附：活动记录单

一、学习准备

组名	
组员	
分工	技术员（　　　）、金话筒（　　　）、汇报员（　　　）

二、学习目标

学习目标	

三、学习任务

1. 需求分析

教学环境分析	□便捷性：能随时随地访问音乐库，轻松找到并播放自己喜欢的歌曲 □多样性：有广泛的音乐选择，包括不同风格、语言和时代的歌曲 □个性化推荐：能根据用户的听歌历史和偏好，提供个性化的歌曲推荐 □音质体验：获得尽可能高的音质体验 □社交功能：分享自己的歌曲喜好到社交媒体，或查看朋友的听歌动态
数字工具（户外）	□笔记本电脑　　□平板电脑　　□手机　　□其他_____
选用在线音乐播放器	□网易云　　□酷狗音乐　　□全民K歌　　□QQ音乐　　□其他_____
选用播放器的功能	

2. 确定项目，制订方案

确定项目 （确定歌曲）	
制订方案 （选择歌曲）	方法一：分类找歌　□歌手　　□语种　　□主题　　□心情 　　　　　　　　　□曲风　　□戏曲　　□其他
	方法二：关键字查找 具体步骤：_____

3．实施项目，掌握技能

试听	风格：□国风　　□民谣　　□儿童　　□其他
学唱	如何暂停或播放歌曲？_____ 如何切换原唱或伴奏？_____ 如何控制歌曲进度？_____
练唱	演唱前要准备：□熟悉节奏　　□熟悉旋律　　□熟悉歌词 练唱选择：　　□段落　　　　□整首　　　　□单句 气息技巧：请在有（ˇ）标记的位置_____，以保证演唱的效果； 　　　　　请在长句前_____
演唱	记录重唱的次数：_____ 记录每次得分：_____ 把握节奏的方法：_____
优化并保存	音量调整：　□伴奏音量　　□人声音量 音效调整：　□混音　　　　□音效　　　　□均衡器

四、反馈小结

1．使用在线音乐播放器的规范

我选择正规的音乐播放器，因为_____

我选择合适的歌曲，因为_____

2．讨论使用手机听音乐的优点和可能遇到的问题，如版权问题、网络安全问题等。

_____

五、项目评价，课堂延伸

1．创意任务：在家中探索不同的音乐播放器，记录自己的发现和体验，以待下次上课分享。

2．社交互动：体验社交功能，创建个人音乐档案，分享歌曲到社交网络，查看好友的音乐动态等。

3．活动评价表：根据你对本节课内容的掌握程度，填涂☆。

评分项目	评价等级
能选择合适的数字工具解决实际问题	☆☆☆☆☆
理解不同音乐播放应用的特点和基本使用方法	☆☆☆☆☆
理解音乐版权及合法使用音乐的重要性	☆☆☆☆☆
知道安全使用网络的重要性，如不点击不明链接，不透露个人信息	☆☆☆☆☆
这节课我点亮了_____颗星	

（阜阳市实验小学　马翠翠）

教学设计 2

一、课标内容

根据学习、生活中的任务情境，使用恰当的数字工具，如在线视听平台，创作简单的作品。

二、内容分析

本课的活动内容是体验在线视听。通过创设李徽与父母开车去旅游，在途中在线听歌的情境，贴近学生的真实生活情境，激发学生的学习兴趣。通过让学生体验在线听歌和学唱，助其掌握播放、控制等技能，使他们了解在线资源的丰富性和多元化，体验数字工具给日常生活带来的改变。

三、学情分析

经过前面活动的学习，学生已经掌握了上网的基本技能。三年级学生大多数能比较熟练地使用手机等数字工具体验在线视听，但缺少利用在线方式解决实际问题的方法思路，以及规范使用数字资源的意识。

四、学习目标

1. 素养目标

使用数字工具体验在线视听，文明使用数字工具，感受在线视听对娱乐生活的改变。

2. 活动目标

选用恰当的数字工具，录唱歌曲。

五、教学准备

1. 教学环境

智慧课堂环境，安装浏览器、播放器的平板电脑。

2. 资源准备

相应的教学课件、微课、导学案等教学素材。

六、教学重难点

1. 教学重点

使用数字工具体验在线视听。

2. 教学难点

使用数字工具录制歌曲。

七、设计思路

1. 教学整体思路

本课创设真实的生活情境，用学生的真实需求激发其学习兴趣。然后引导学生思考、探究，并完成本活动的任务：选用合适的数字工具；探究播放器的使用方法等。学生分小组开展合作，教师给出相关的学习支架，引导学生在思考和探究的过程中发现问题、解决问题，体验探究学习的方式，不断提高学生的核心素养。

2. 教学流程框架

本课旨在让学生在活动中探究解决问题的方法。首先创设真实情境，激发学生的学习兴趣；然后让学生根据活动任务，探究完成任务的方法与步骤；最后让学生在使用在线音乐平台体验听歌、录制歌曲的过程中，体会文明使用数字工具的重要性。

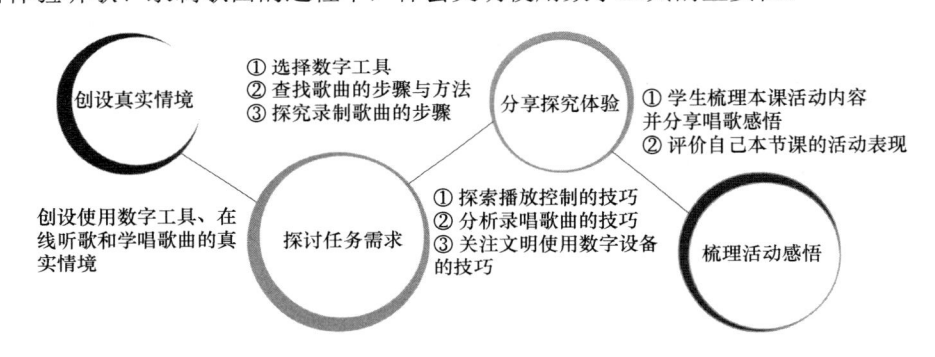

八、学习活动设计

教学环节	学习内容与活动	设计意图
创设情境 提出问题	1. 创设情境：周末，李徽和父母出去游玩。在车上，李徽感到无聊，爸爸建议他在线听歌，学唱歌曲。 2. 同学们，我们如果在旅途中也想在线听歌、学歌，该怎么办呢？学生思考并回答问题。 3. 引出课题，并板书：第8课 学唱欢快动听的歌曲	创设真实的生活情境，激发学生的探究兴趣
需求分析 厘清思路	1. 出示问卷。 问题1：你在家使用什么数字工具在线听歌？ □平板电脑 □智能音箱 □智能手机 □其他_____ 问题2：你在家里选用什么在线音乐播放器听歌？ □酷狗音乐 □全民K歌 □QQ音乐 □其他_____ 问题3：你喜欢什么风格类型的歌曲？ □国风 □流行 □儿童 □其他_____ 学生独立思考后，填写问卷。	初步探究，利用问卷让学生厘清在线视听的需求，为后面的活动做好铺垫

(续表)

教学环节	学习内容与活动	设计意图
需求分析 厘清思路	2. 学生根据问卷介绍自己喜欢的风格类型歌曲的特点，填写活动记录单。 我喜欢的歌曲类型：＿＿＿＿＿＿＿＿＿＿＿＿＿＿ 我为什么喜欢此类型的歌曲：＿＿＿＿＿＿＿＿＿ 3. 学生分析进行在线视听需要做哪些准备，并确定本次活动任务的数字工具、在线音乐平台，填写活动记录单。 4. 厘清学唱歌曲的步骤。 小组交流讨论，分组汇报，共同评价，总结学唱歌曲的一般步骤。 引导学生分析学唱歌曲的步骤：查找歌曲—选择歌曲—播放歌曲—学唱歌曲—录制歌曲—优化保存 5. 小组交流讨论，确定本组的学唱歌曲，填写活动记录单	学生分析活动任务，小组通过交流讨论确定本组的活动方案，进行自主思考和发现，完成此项活动需要的工具、方法和步骤
活动探究 解决问题	1. 快速查找歌曲 任务探究：体验使用在线搜索法或分类查找法查找歌曲，分析比较两种方法的优点。 学生分组探究、交流，比较使用两种方法的区别。 学生通过上网搜索、观看微课等方式，学习两种查找歌曲的方法。 小组汇报查找歌曲的思路与方法，并总结两种查找歌曲方法的特点，填写活动记录单。 2. 控制歌曲的播放进度 出示任务：请同学们播放歌曲，并尝试控制音乐的播放进度。 小组合作探究，完成任务，填写活动记录单。 教师引导学生通过上网搜索、观看微课等方法，完成探究任务。 3. 学唱、录制歌曲 任务探究：小组确定分工，合作探究录制歌曲的关键要素，分析、比较录整首歌与录片段歌的优缺点。 引导学生通过上网搜索、观看微课等方式学习相关知识，提示学生：遇到问题时可以请教同学和教师。 小组成员分工协作，完成探究任务，填写活动记录单。 实验总结：录歌要素是什么？总结录整首歌与录片段歌的优缺点。 4. 优化并保存 学生尝试通过设置相关参数，优化录制歌曲的效果。 教师引导学生调整音量和音效，总结与评价调整参数后的效果	通过在线查找歌曲，学生体验在线搜索的技巧和方法，积累经验。 在学唱环节，引导学生重点关注音乐作品的节奏和旋律等，掌握录制歌曲的关键技巧
活动评价 交流方法	1. 每个小组分享操作经验和遇到的问题，交流使用在线音乐平台的看法和改进建议。 2. 谈一谈自己在录制歌曲时遇到的各种干扰，体会文明使用数字工具进行在线视听的重要性。 3. 在线视听的方法很多，资源也很多，谈一谈使用时需要注意什么	利用对音乐作品的反馈和评价，学生相互之间不断优化操作体验。 通过录歌体验，学生能够关注文明、合理地使用数字设备的重要性
活动总结 拓展应用	1. 学生分享本课的学习收获、学习方法和思路。 2. 学生进行自我评价，并完成评价表。 3. 课后探究在线音乐分享及音乐版权的重要性	总结本课的收获，并针对学习收获进行自评

九、板书设计

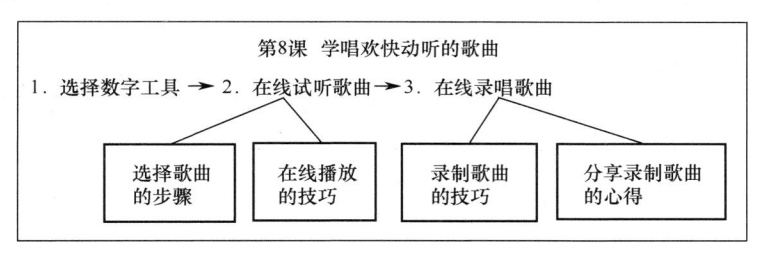

第8课 学唱欢快动听的歌曲

1. 选择数字工具 → 2. 在线试听歌曲 → 3. 在线录唱歌曲

- 选择歌曲的步骤
- 在线播放的技巧
- 录制歌曲的技巧
- 分享录制歌曲的心得

十、评价设计（根据本节课的实际学习情况，给☆涂上颜色，进行自评）

评分项目	评价等级
能选择合适的数字工具，掌握音乐播放器的使用方法	☆☆☆☆☆
了解歌曲搜索的几种途径，能够设计、创作简单的音频作品	☆☆☆☆☆
感受在线视听对娱乐生活的改变，能在公共场合文明使用数字工具	☆☆☆☆☆
小组合作任务明确，团队任务分配合理	☆☆☆☆☆
本节课我的收获：_____	

附：活动记录单

活动准备		
数字工具	□平板电脑　□智能音箱　□智能手机　□其他_____	
在线音乐播放器	□酷狗音乐　□全民K歌　□QQ音乐　□其他_____	
学唱歌曲步骤	1._____	4._____
	2._____	5._____
	3._____	6._____
活动探究		
小 组 成 员		
成 员 分 工		
确定歌曲		
选择歌曲	方法一：分类找歌　□歌手　□语种　□主题　□曲风　□戏曲　□其他	
	方法二：关键字查找	
	具体步骤：	
	比较区别：	
播放控制	如何暂停或播放音乐？_____	
	如何切换原唱或伴奏？_____	
	如何控制音乐的进度？_____	
练唱控制	录制前要准备：□熟悉节奏　□熟悉旋律　□熟悉歌词	
	练唱选择：　　□整首　　□片段	
演唱节奏	记录重唱的次数：_____	
	记录每次得分：_____	
	把握节奏的方法：_____	
优化并保存	音量调整：□伴奏音量　□人声音量	
	音效调整：□混音　　　□音效　　　□均衡器	

（淮北市人民路学校　谢巍）

第 3 单元　准备家庭旅游攻略
——数字出行

一、单元核心素养

1. 内容要求

针对生活中的具体需求，采用合适的方式开展在线搜索，获取有用的信息和资源，知道信息的常见来源及信息存在的重要性。

2. 学业要求

具备辨别信息真伪和保护个人信息的意识。知道在线搜索技能的必要性，感受在线社会中信息的重要性。

二、单元内容分析

本单元以"旅游前怎样制订出行攻略"这一贴近学生生活的问题作为切入点，引出项目选题。生活中，人们在制订旅游攻略时，需要搜索各种信息，如车次信息、宾馆信息、景点信息等。本单元各课内容以"去哪里—住哪里—怎么去—安全问题"为线索，通过四个子项目让学生在线获取有用的资源，制订合理的出行攻略。

该单元选题与学生的日常生活紧密相连，是真实的生活问题。三年级学生有主人翁意识，乐于探究，愿意参与解决家庭生活问题。当学生主动探究不同途径来获取信息，解决出行问题时，自然会将方法迁移到解决其他问题中。所以本单元是在线生活与学习的基础内容。

三、单元学习目标

1. 知道获取信息的多种途径，并会使用这些途径来获取有用的信息。
2. 知道信息有真实与虚假之分，具备辨别信息的意识。
3. 能根据具体的应用场景，从问题的情境、数据的来源及内容表达的目的，判断信息的合理性和可靠性。
4. 知道从政府等权威网站获取信息，掌握辨别信息的方法。
5. 感受在线社会中信息的重要性。

第9课　推荐家庭旅游景点

——信息搜索

教学设计 1

一、课标内容

针对生活中的具体需求，采用合适的方式开展在线搜索，获取有用的信息和资源。

二、内容分析

本课以帮助李徽一家推荐黄山二日游的景点为选题，开展项目活动，旨在通过活动让学生体验在线搜索信息的过程，感知在线生活的必要技能，让学生了解更多的家乡美景，由此激发他们热爱家乡的情感。本课强调搜索引擎工具的使用，让学生在搜索信息的过程中，不断积累搜索信息、辨别信息的方法。

三、学情分析

学生经过前面单元的学习，认识了数字设备的基本操作，能用数字设备录入文字、语音、图片等信息。他们体验过浏览网络信息，知道信息的基本类型和作用，对数字设备和网络充满好奇和求知欲。本课在此基础上，让学生了解如何从网络上搜索需要的信息，并具备辨别信息的意识。同时，让学生认识在线搜索是适应数字社会生活和学习的基本技能。

四、学习目标

1. 素养目标

（1）知道获取网络信息的途径，能选择合适的方式获取有用的信息。
（2）能根据需要查找信息，并依据获取的信息做决策，以解决生活中的问题。

2. 项目目标

通过获取有用的景点信息，拟订黄山二日游的景点清单。

五、教学准备

1. 教师准备

智慧课堂环境，为学生准备平板电脑，平板电脑中安装搜索引擎。同时提供相应的教学课件、微课、活动记录单等教学素材。

2. 学生准备

具备使用数字设备解决问题的意识，能用数字设备录入文字，会使用数字设备浏览网络信息。课前与家人交流选择旅游景点时会考虑哪些因素。

六、教学重难点

1. 教学重点

知道几种上网搜索信息的途径。能根据问题提取关键词、搜索信息、解决问题。知道网络信息有真伪。

2. 教学难点

使用搜索引擎搜索信息，并应用获取的信息解决出行问题。

七、设计思路

1. 教学整体思路

本课从学生真实的情境出发，提出问题：黄山二日游，去哪儿更合适？师生分析问题，找出项目的关键问题：怎样搜索所需要的景点信息？然后学生尝试搜索信息，并根据信息做出决策。在活动中体验不同搜索方法，积累搜索信息的经验，感悟在线搜索在数字生活中的重要性。通过问题引导学生开展探究活动，促进学生思维的发展，同时体现做中学、做中悟的教学理念。

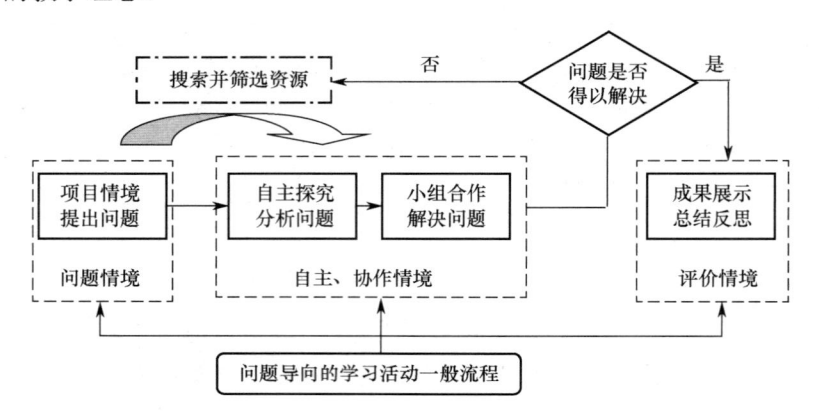

2. 教学流程框架

让学生在活动中解决问题，形成方法。首先，在创设情境环节，引导学生思考解决问题的办法；其次，引导学生按"明确查什么—探究如何找—依据查询做决策"的步骤解决问题；接着，让学生汇报解决问题的方法和结论；最后，让学生将方法应用于生活，解决其他问题。

第3单元 准备家庭旅游攻略

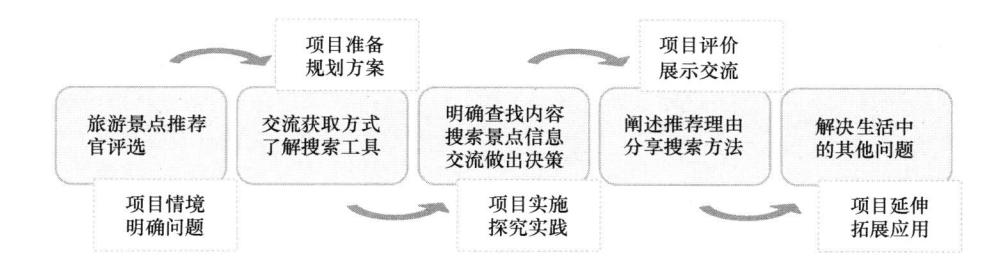

```
旅游景点推荐      项目准备           明确查找内容         项目评价          解决生活中
官评选    →  交流获取方式  →  搜索景点信息  →  展示交流   →  的其他问题
           规划方案            交流做出决策        阐述推荐理由
                              了解搜索工具                    分享搜索方法

项目情境                     项目实施                         项目延伸
明确问题                     探究实践                         拓展应用
```

八、学习活动设计

教学环节	学生活动	教师引导	设计意图
项目情境 明确问题	1. 观看情境视频 观看视频，思考李徽遇到的困难。 2. 交流情境问题 结合课前与家人的交流情况，师生一起讨论李徽的难题的解决方法	1. 创设情境 展示视频，引导学生观察李徽在旅游前遇到的难题。 2. 明确任务 问题：你能做为旅游景点推荐官帮李徽一家拟一份旅游景点推荐方案吗	创设真实生活问题，激发学生探究的兴趣
项目准备 规划方案	1. 交流问题 观看视频，讨论教师提出的问题。 尝试用思维导图归纳需要了解哪些景点信息。 2. 小组寻找方法 根据生活经验及课前与家人沟通的情况，在组内分享获取信息的方法。 各小组汇报方法，共同聚焦"如何在网络上查找景点信息"。 3. 自主探究 尝试按图示流程探究搜索工具的使用方法 微课学习 → 实践操作 → 交流发现 打开搜索工具 尝试使用不同关键词 观察搜索结果	1. 问题引导 展示课件：旅行社旅游景点推荐官是如何推荐产品的。 问题：了解哪些信息有助于推荐景点？ 2. 分解问题 问题：你们了解黄山的景点信息吗？这些信息可以通过哪些方式获取到？请分组交流。 3. 指导学习活动 提供微课《使用网络获取信息的方法》，引导学生自主探究搜索引擎工具。 对学生的自主探究活动进行指导	通过交流，了解信息的重要性。 在探究时，初步了解搜索工具，为后面的实践活动做准备
项目实施 探究实践	1. 分析要找的信息 小组合作，对李徽家的出行需求进行分析，明确要查找的信息，然后进行小组人员分工，填写活动记录单。 2. 查询景点信息 根据组内分工，在线搜索需要的景点信息，并将搜索的结果记录下来。 组内探究，比较大家获取信息的准确性。思考：为什么查找到的信息会有差异？怎样辨别？	1. 引导学生分析要查找的信息 问题：分析李徽一家的需求，想一想，具体要查找哪些信息？ 2. 引导学生比较查找的信息 问题：你们查找到的信息一样吗？请组内交流，比一比谁查询信息的方法又快又准确	让学生了解查找信息时要先明确需要什么信息，再选择合适的查找工具。 通过查找景点信息的过程，体验搜索方法，积累经验。 产生辨别信息的意识

85

(续表)

教学环节	学生活动	教师引导	设计意图
项目实施 探究实践	3．推荐旅游景点 根据查找到的信息推荐景点，并填写活动记录单		
项目评价 展示交流	1．小组汇报推荐景点 各小组代表介绍其从网上获取的景点信息和推荐的景点，并阐述推荐理由。其他组聆听，与自己获取的信息进行比较，进行补充完善自己获取的信息。 2．评选出最优景点推荐官 对各组推荐的景点进行互评，根据各组收获的点赞数量，评出最优旅游景点推荐官。 3．活动经验分享 评出的最优旅游景点推荐官，并分享解决问题的思路和收获	1．组织学生汇报 组织各小组汇报推荐的景点，并说明推荐的理由。 2．帮助学生梳理方法 指导各小组梳理解决问题的方法	引导学生通过描述解决问题的思路，形成方法
项目延伸 拓展应用	1．实践应用 尝试搜索信息，解决感兴趣的问题，再分享解决问题的方法。 2．活动评价 填写活动评价表，完成项目评价，对探究学习情况进行反馈	1．启发学生应用 问题：你们还想搜索哪些信息？解决生活和学习中的哪些问题？ 2．收集学生的评价反馈	小结本课收获，归纳问题解决方法

九、板书设计

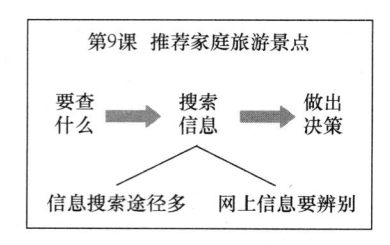

```
第9课  推荐家庭旅游景点

要查什么  →  搜索信息  →  做出决策

信息搜索途径多    网上信息要辨别
```

附：活动记录单

小组名称	第___组 组员：（　）（　）（　）（　）（　） 分工：
项目实施	活动1：了解搜索工具 试着打开搜索工具，输入关键词，你看到了什么信息？ | 关键词 | 看到的信息 | | --- | --- | | 黄山 | | | 黄山4A景点 | | | 我的发现 | |

(续表)

项目实施	活动2：出行需求分析 试着分析李徽家庭的出行需求，明确要查找的信息及相关方法。 	李徽家庭出行需求	
需求分析	需要查找的信息	
	设置筛选景点的条件	
分工查询景点信息	| 活动3：旅游景点推荐 根据小组分工，查询景点相关信息，然后在小组内展开交流，确定推荐的景点。 | 景点名称	景点相关信息
	| 推荐的景点： 推荐的理由：
项目评价	活动收获：_____ 活动评价表： |	课堂活动评价内容	评价等级
---	---	---
我会合作	能积极参与小组交流，完成小组分配的搜索任务	☆☆☆☆☆
我会操作	会使用搜索引擎工具在线获取需要的信息	☆☆☆☆☆
我的收获	知道获取信息有不同的途径	☆☆☆☆☆
	发现网络上的信息有真伪，会辨别	☆☆☆☆☆
项目成果	知道遇到困难时，可以在网络中获取信息，寻找解决问题的方法，更轻松地解决问题	☆☆☆☆☆
	所推荐的景点清单得到其他同学的认可	☆☆☆☆☆	

（铜陵师范学校附属小学　刘蓓）

教学设计2

一、课标内容

针对生活中的具体需求，采用合适的方式开展在线搜索，获取有用的信息和资源。

二、内容分析

单元项目主题为"准备家庭旅游攻略"。作为单元起始课，本课以"帮助李徽一家推荐黄山二日游的景点"为选题开展实验活动。通过活动，学生可以体验在线搜索信息的过程，感知在线生活的必要技能，同时了解更多的家乡美景，由此激发热爱家乡的情感。本实验活动侧重搜索引擎工具的使用，让学生在搜索信息的过程中不断积累搜索信息、辨别信息的经验。

三、学情分析

经过前面单元活动的学习,学生已经感受了在线方式对学习、生活的重要意义,体验了身边的数字设备,具有获取信息的基础和认知能力,体验过浏览网络信息,知道信息的基本类型和作用。教师可依据三年级学生的兴趣,准备合理的在线平台,让他们通过实际动手实验,了解如何通过网络搜索需要的信息,并树立辨别信息的意识。

四、学习目标

1. 素养目标

(1) 知道获取网络信息的多种方式,并能选择合适的方式获取有用的信息。

(2) 能根据需求查找信息,并依据获取的信息做决策,解决生活中的问题。

2. 实验目标

通过获取有用的景点信息,拟订黄山二日游的景点清单。

五、教学准备

1. 教师准备

智慧课堂环境,为学生准备平板电脑,并且在平板电脑中安装搜索引擎等工具。教师提供相应的教学课件、微课、实验记录单等教学素材。

2. 学生准备

具备使用数字设备解决问题的意识,能用数字设备录入文字,会正确使用数字设备浏览网络信息。课前与家人交流如何计划旅游行程。

六、教学重难点

1. 教学重点

了解获取网络信息的多种方式,能够根据关键词搜索信息。

2. 教学难点

能够恰当地搜索信息,解决生活中的问题,培养辨别信息的意识。

七、设计思路

从学生真实的情境出发,提出问题:黄山二日游,去哪儿更合适?由此师生一起分析问题,给出初步的景点规划方案,梳理出关键问题:有哪些景点?选择这些景点是否合适?怎样验证?怎样搜索需要的景点信息?然后学生尝试搜索信息,并根据信息做出决策。在体验活动中积累搜索信息的经验,感悟在线搜索在数字生活中的重要性。教师通过问题引导学生开展探究活动,促进学生思维的发展,并体现做中学、做中悟的教学理念。

```
          有哪些景点？
      这些景点是否合适？         怎样搜索需要的景点信息？
          怎样验证？
```

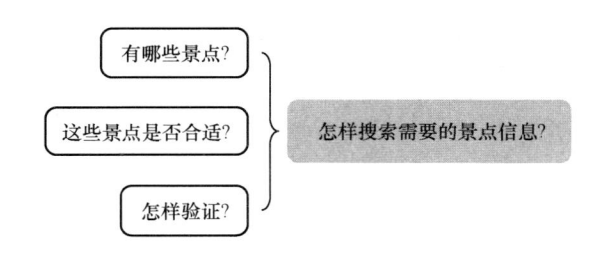

八、学习活动设计

教学环节	学习内容和活动	设计意图
创设情境 提出问题	展示大美黄山的视频微课，提出问题：周末李徽一家准备到黄山旅游。妈妈让李徽了解黄山的景点信息，并推荐一条二日游的路线。黄山美景这么多，李徽该怎样选择？ 请帮李徽一家拟一份旅游景点推荐方案，揭示课题	创设真实的生活问题情境，激发学生探究的兴趣
做出假设 设计实验	1．学生交流，明确帮李徽推荐景点的任务 说一说，你准备如何帮助李徽？ 梳理关键问题：有哪些景点？选择这些景点是否合适？怎样验证这些景点是否符合李徽的需求？ 2．聚焦问题，做出假设方案，梳理实验思路 聚焦关键问题，梳理实验思路： 给出假设景点方案，再搜索所需要的景点信息，验证方案是否可行。 其中"怎样搜索需要的景点信息"是学生所需要解决的主要问题。 3．设计实验 对比不同的搜索途径，选择恰当的搜索方式获取景点信息。 根据教师提供的学习资源，尝试给出假设的景点方案。 通过在线搜索的方式，获取景点信息。 根据获取的信息做出决策：推荐的景点是否可行？若不可行，依据获取的信息进行修改与完善	需解决的问题：有哪些景点？选择这些景点是否合适？怎样验证？ 聚焦关键问题，梳理实验思路：给出假设景点方案，搜索所需要的景点信息，验证方案是否可行
小组合作 进行实验	**实验1：选择景点信息获取方式** 1．实验准备 引导学生讨论：该如何获取景点信息？填写表格。 2．实验过程 完善实现表格，根据所填内容选择最恰当的信息获取方式。 | 获取方式	是否便捷	是否高效	是否真实	是否全面
---	---	---	---	---
询问同伴	□是 □否	□是 □否	□是 □否	□是 □否
在线搜索	□是 □否	□是 □否	□是 □否	□是 □否
查阅书籍	□是 □否	□是 □否	□是 □否	□是 □否
实践验证	□是 □否	□是 □否	□是 □否	□是 □否
其他	□是 □否	□是 □否	□是 □否	□是 □否 | 3．实验小结 为了快捷、高效地完成实验，本组最终选择的景点信息获取方式是<u>在线搜索</u>	对比探究，选择查找工具

(续表)

教学环节	学习内容和活动	设计意图
小组合作 进行实验	**实验2：在线获取景点信息** 1. 实验准备 选择在线实验工具：教师提供旅游网站和搜索引擎两种在线实验工具。 观看微课《用网络获取信息的方法》，初步了解搜索引擎工具。了解使用关键词检索的方式。 2. 实验过程 （1）初步推荐方案 选择的在线实验工具：□旅游网站　□搜索引擎 学生组内分工，明确需要查找的各个信息。 学生分组查询景点相关信息。 制订初步方案：初步规划的景点为＿＿＿＿＿＿＿＿＿＿＿＿＿＿＿＿。 实验小结：在线搜索信息时，我们可以使用关键词进行搜索。 （2）优化推荐方案 为了验证景点的可行性，需要再次运用在线搜索工具进行验证。 选择的在线实验验证工具：□旅游网站　□搜索引擎 分析李徽一家的需求，想一想，需要具体查找哪些信息？ 小组内进行交流，依据查到的信息，比较旅游景点。 根据查询结果，各小组交流推荐的景点。 优化的景点推荐方案为： | 推荐景点 | 推荐理由 | |---|---| | | | | | | 实验小结： 通过实验探究，我发现： 通过在线搜索的方式能获取有用的景点信息，制订黄山二日游的景点推荐方案。在线搜索十分便捷	通过对景点信息的查找过程，体验在线搜索的技巧和方法，积累经验。 通过比较查找的信息，让学生提高辨别信息的意识
展示交流 得出结论	1. 汇报成果 各组指派代表上台汇报该组解决问题的思路和实验成果，以及相关的收获。 2. 得出结论 实验总结： 通过实验探究，我发现：在线搜索（☑ 是　□否）十分便捷。 在线搜索信息时，我们可以使用关键词进行搜索；（☑ 能　□ 不能）利用在线工具设计黄山两日游景点推荐方案。 3. 其他小组成员对推荐的景点进行点评	学生通过描述解决问题的思路，形成方法
项目延伸 拓展应用	说一说，自己还想搜索哪些信息？解决生活和学习中的什么问题？ 完成项目评价，对自己的探究、学习情况进行反馈	总结本课收获，积累方法

九、板书设计

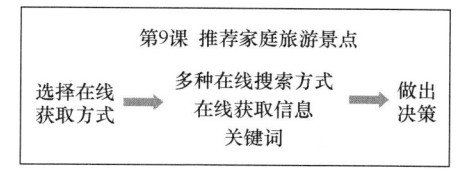

```
第9课  推荐家庭旅游景点

选择在线      多种在线搜索方式      做出
获取方式  →   在线获取信息      →   决策
              关键词
```

十、评价设计

内容	评价等级
知道在线获取信息的主要方式，能选择恰当的工具获取信息。	☆☆☆☆☆
了解常见的在线信息搜索工具，能提炼关键词搜索信息。	☆☆☆☆☆
能根据获取的信息做出决策，修改与完善方案。	☆☆☆☆☆

附：实验记录单

"推荐家庭旅游景点"实验记录单

实验1：选择景点信息获取方式

完善实验表格，根据所填内容选择最恰当的信息获取方式。

获取方式	是否便捷	是否高效	是否真实	是否全面
询问同伴	□是 □否	□是 □否	□是 □否	□是 □否
在线搜索	□是 □否	□是 □否	□是 □否	□是 □否
查阅书籍	□是 □否	□是 □否	□是 □否	□是 □否
实践验证	□是 □否	□是 □否	□是 □否	□是 □否
其他	□是 □否	□是 □否	□是 □否	□是 □否

实验小结

为了快捷、高效地完成实验，本组最终选择的景点信息获取的方式是_____。

实验2：在线获取景点信息

观看微课，选择恰当的在线实验工具获取景点信息，完成实验方案并优化。

★初步推荐方案

选择的在线实验工具：□旅游网站 □搜索引擎

初步规划的景点为：_____。

实验小结：在线搜索信息时，我们可以使用_____进行搜索。

★优化推荐方案

为了验证景点的可行性，选择在线实验验证工具：□旅游网站 □搜索引擎。

优化的景点推荐方案为：

推荐的景点	推荐理由

实验总结

通过实验探究，我发现：在线搜索（□是　□否）十分便捷。

在线搜索信息时，我们可以使用_____进行搜索；（□能　□不能）利用在线工具设计黄山两日游景点推荐方案。

（芜湖市三山中心小学　李婷婷）

第10课　预订出行住宿酒店

——信息筛选

教学设计1

一、课标内容

采用合适的方式开展在线搜索，获取有用的信息和资源。感受在线社会对学习与生活的影响。

二、内容分析

本课的项目选题是查找出行住宿酒店信息，根据需求筛选出行住宿酒店。生活在数字时代，仔细观察生活，不难发现大家在出行前会在线预订车票、酒店；在生活中，还经常在线购物、在线订购电影票等。这些都是人们在数字时代生活的基本技能。本课以预订出行住宿酒店为线索，让学生在解决真实问题的过程中，体验在线生活，感受在线生活的便捷。同时，在活动中了解在线平台的筛选功能，学会筛选有效信息。

三、学情分析

在第9课中，学生体验了用搜索引擎等途径获取有用的信息，并依据获取的信息，解决生活中的问题。三年级学生对信息科技、网络应用等有强烈的好奇心与探索欲，给予合理的引导，就可以有效激发其学习积极性，提高其主动参与度。本课在此基础上，以在线预订平台为例，让学生体验获取信息的不同方式。引导他们发现可以根据问题需求，运用平台的筛选功能，筛选有效信息。同时，让学生感受在线生活的便捷性和安全性。

四、学习目标

1. 素养目标

（1）能根据应用场景，针对问题设置条件筛选信息，解决生活中的问题。

（2）通过体验在线预订，解决生活中的问题，感受在线生活的便捷性。

2. 项目目标

查找出行住宿酒店，填写酒店的入住清单。

五、教学准备

1. 教师准备

智慧课堂环境，为学生准备平板电脑，并且在平板电脑上安装在线预订平台。教师准备课件、活动记录单等相关资料。

2. 学生准备

具备使用数字设备解决问题的意识，能用数字设备录入文字，会正确使用数字设备浏览网络信息。课前调查，与家人交流在线预订酒店和车票等经历，了解常见的酒店预订平台。

六、教学重难点

1. 教学重点

能根据问题，设置条件筛选有效信息。重视在线预订的安全问题。

2. 教学难点

能选择合适的在线预订平台，并在平台中筛选需要的信息。

七、设计思路

1. 教学整体思路

人们在运用各种专业的在线信息服务平台时，可以通过设置条件，筛选需要的信息。本课以在线预订平台为例，让学生在活动中体验如何根据条件筛选信息，解决生活中的问题。学生探究的核心内容是筛选酒店，并填写酒店入住清单。课后建议家长根据实际情况，帮助学生体验在线支付。在课堂中，教师向学生讲解在线支付的安全问题。整节课的探究活动能帮助学生形成思维方法。

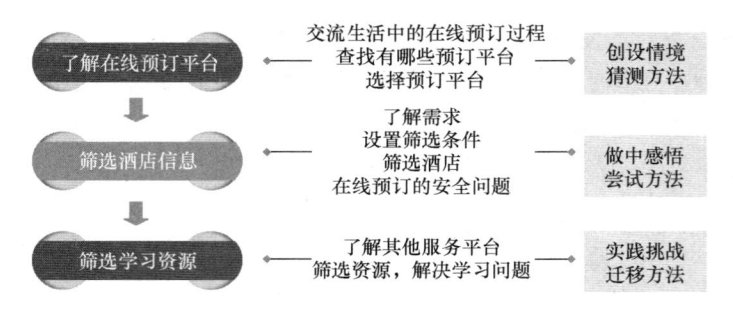

```
了解在线预订平台 ──── 交流生活中的在线预订过程      创设情境
                    查找有哪些预订平台        猜测方法
                    选择预订平台
        ↓
筛选酒店信息   ──── 了解需求               做中感悟
                    设置筛选条件            尝试方法
                    筛选酒店
                    在线预订的安全问题
        ↓
筛选学习资源   ──── 了解其他服务平台        实践挑战
                    筛选资源，解决学习问题    迁移方法
```

2. 教学流程框架

本课的学习活动以"交流—尝试—分享—迁移"为主。探究前，让学生交流在线预订问题，说一说家人如何在线预订酒店、车票等，以及存在的安全问题。引导学生尝试筛选酒店。找一找有哪些酒店预订平台及如何在平台上筛选信息。让学生试着根据李徽家的需求筛选信息。让学生汇报获取信息的方法，分享经验。最后提出挑战任务，让学生尝试应用掌握的方法筛选学习资源，实现方法的迁移。

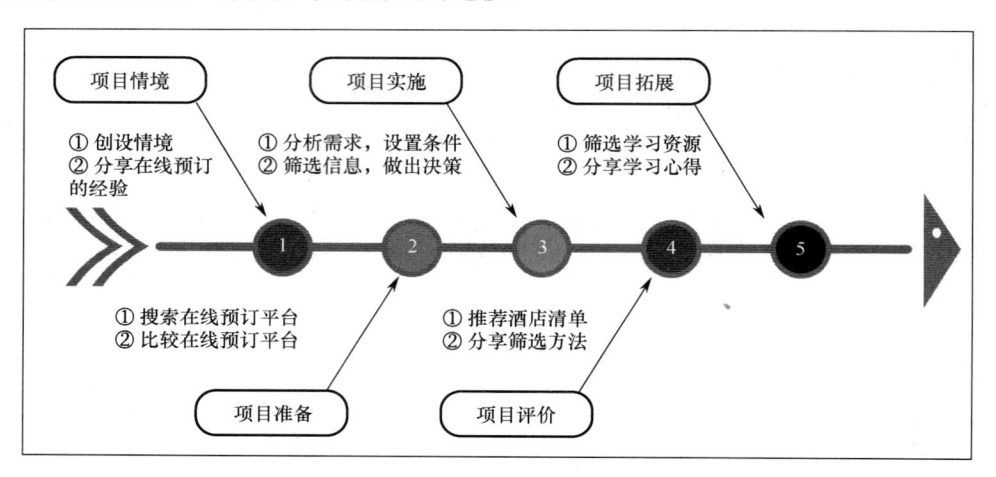

```
项目情境              项目实施              项目拓展
① 创设情境           ① 分析需求，设置条件   ① 筛选学习资源
② 分享在线预订       ② 筛选信息，做出决策   ② 分享学习心得
   的经验

 ──→──①────②────③────④────⑤──→

        ① 搜索在线预订平台   ① 推荐酒店清单
        ② 比较在线预订平台   ② 分享筛选方法

           项目准备              项目评价
```

八、学习活动设计

教学环节	学生活动	教师引导	设计意图
课前活动	1. 小采访：听家人描述在线预订的经历。 2. 小调查：家人预订酒店常用的平台	设计、发放活动记录单	让学生对在线预订有初步的感知，为问题解决做铺垫
创设情境 提出项目	1. 生活经历分享 以小组的形式分享家人在线预订酒店的经历，并说一说其对出行的影响。 2. 列举在线预订的优势 举例说明在线预订酒店、车票、门票等给人们出行带来的影响	1. 谈话导入 问题：李徽一家出行前，还需要预订酒店。谁来分享家人在线预订酒店的经历？ 2. 问题引导 问题：你觉得在线预订给生活带来了哪些变化	创设情境，抛出生活中的问题，让学生聚焦在线预订给生活带来的影响，明确探究任务

第3单元　准备家庭旅游攻略

（续表）

教学环节	学生活动	教师引导	设计意图
明晰方法 准备项目	1．搜索预订平台 尝试上网搜索有哪些可以预订酒店的平台，并记录平台的名称等内容。 2．推荐预订平台 组内成员推荐自己了解的在线预订平台，可以从知名度、他人推荐等方面进行推荐。 根据各成员的推荐情况，确定本组推荐的在线预订平台。	1．操作指导 指导学生上网搜索。 2．提出问题 说一说，你推荐在哪个平台上预订酒店？为什么	在活动中，通过比较，培养学生选择合适的平台来解决问题的意识。 让学生初步认识网络存在的安全隐患
探究实践 实施项目	1．分析问题需求 阅读材料，分析李徽一家对酒店有哪些需求。 以小组的形式列举需求，并交流讨论选择酒店条件的优先级。 2．筛选酒店信息 根据分析情况，每位成员尝试独立运用平台的筛选功能筛选酒店，并记录酒店相关信息。 3．组内推荐酒店 组内成员推荐酒店，并阐述推荐理由，填写活动记录单。 通过综合比较确定本组推荐的酒店，形成方案	1．梳理思路 要确定酒店需要考虑李徽一家的需求。按条件筛选信息。李徽一家有哪些需求呢？ 2．指导探究活动 指导学生分组筛选酒店，确定酒店清单	在尝试解决问题的过程中，掌握筛选信息的方法。 学会根据需要，合理筛选信息。知道不能盲目的搜索，要有方法
拓展应用 拓展项目	1．各小组展示酒店清单 各小组指派代表汇报本组推荐酒店的信息，并说明推荐的理由。 其他组员对汇报情况进行评价。 2．自主探究在线支付 观看微课，然后组内交流在线支付的安全问题。想一想，视频中的人物这样做，对吗？填写活动记录单。 试对家长的日常在线支付行为给出建议	1．组织交流活动 哪个小组来说一说自己推荐的酒店？推荐的理由是什么？你们又是如何筛选信息的？ 2．引导学生探究支付安全问题 确定酒店后，人们就可以在线支付预订酒店了。怎样进行支付？支付时要注意什么？请观看微课	通过表达，梳理信息筛选的方法，构建知识。 进一步强调网络安全的重要性，提升学生的网络信息安全意识
项目延伸 拓展应用	1．验证方法 登录"国家中小学智慧教育平台"，试着查找自己需要的学习资源，准备预习材料。 2．方法小结 谈学习收获，并完成活动记录单。 3．课后拓展 独立思考，自己想解决什么学习问题？准备怎样在平台中筛选信息	1．布置拓展任务 迁移："国家中小学智慧教育平台"中有很多学习资源，你能在平台中查找需要的资源吗？ 2．引导学生归纳总结 点评：说一说本课活动中的收获，以及筛选信息解决问题的方法	让学生应用掌握的方法解决其他问题，实现拓展延伸。 提升学生在线搜索信息解决学习问题的能力，实现学以致用

九、板书设计

第10课 预订出行住宿酒店

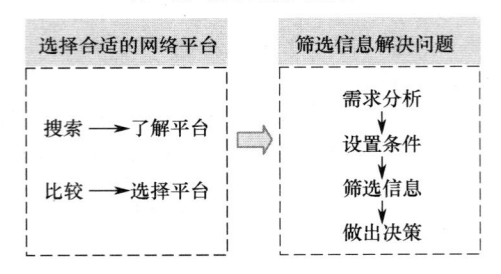

```
选择合适的网络平台              筛选信息解决问题
┌──────────────┐           ┌──────────────┐
│              │           │   需求分析    │
│ 搜索 → 了解平台│           │      ↓       │
│              │   ⇒       │   设置条件    │
│              │           │      ↓       │
│ 比较 → 选择平台│           │   筛选信息    │
│              │           │      ↓       │
│              │           │   做出决策    │
└──────────────┘           └──────────────┘
```

附：活动记录单

1. 课前学生活动记录

小采访	家人在线预订经历
小调查	家人常用的酒店预订平台
	家人选择该平台的理由

2. 课中学习活动记录

第（　）组	
组员	
分工	组　长（　　） 汇报员（　　）、记录员（　　）、计时员（　　）

活动1：选择酒店预订平台

请上网搜索有哪些酒店预订平台，了解它们的知名度等信息。

我搜索到的酒店预订平台	＿＿＿＿＿、＿＿＿＿＿、＿＿＿＿＿ （在推荐的平台上打勾）
我的推荐理由	☐ 平台信息丰富　　☐ 平台口碑高 ☐ 平台知名度高　　☐ 平台有客服支持 ☐ ＿＿＿＿＿＿

活动2：筛选酒店信息

试着分析李徽一家的住宿需求，查找符合条件的酒店。

第 3 单元　准备家庭旅游攻略

李徽一家的住宿需求	□ 酒店位置　□ 入住时间　□ 酒店星级　□ 房间数量　□ 酒店价格　□ ＿＿＿＿
设置筛选条件	（确定主要的住宿条件，并排序） ①＿＿＿＿　②＿＿＿＿　③＿＿＿＿
筛选出的酒店	
我的发现	平台还提供了＿＿＿＿筛选条件。选择不同筛选条件，筛选的信息＿＿＿＿

活动 3：推荐酒店

小组汇报推荐的酒店，并阐述理由。

推荐的酒店清单	酒店名称：
推荐的理由	□ 平台信息丰富　　□ 平台评价高 □ 平台知名度高　　□ 平台有客服支持 □ ＿＿＿＿
推荐获得的点赞	（　）组对我们的推荐点赞

活动 4：筛选学习资源

在学习中遇到了什么问题？想查找什么资料？请试着在"国家中小学智慧教育平台"查找资源，并记录。

我遇过的问题	我在＿＿＿＿学科学习中遇到＿＿＿＿问题，想查找＿＿＿＿资源。
我分享的方法	我在＿＿＿＿平台，通过＿＿＿＿方法，查找到了＿＿＿＿资源。

3. 项目评价

根据本节课自己实际学习情况，进行自评。

	学习活动评价内容	评星等级
我会合作	积极参与，主动思考，按要求完成任务 与同学积极讨论，互相合作 各个环节均有参与和贡献 积极参与讨论，与教师和同学积极互动	☆☆☆☆☆
我会操作	能搜索到合适的在线预订平台 能在酒店预订平台筛选合适的酒店信息 能在"国家中小学智慧教育平台"筛选、获取需要的学习资源	☆☆☆☆☆
我的收获	感受到网络预订给人们出行带来的便捷性 能依据问题，选择平台，筛选所需信息 知道小学生不能随意在线支付，一定要在家长的帮助下体验在线支付	☆☆☆☆☆

（铜陵师范学校附属小学　刘蓓）

教学设计 2

一、课标内容

采用合适的方式开展在线搜索，获取有用的信息和资源。感受在线社会对学习与生活的影响。

二、内容分析

本单元的项目情境是"准备家庭旅游攻略"，本课的项目选题为"预订出行住宿酒店"，即查找出行酒店信息，并根据需求筛选出行住宿的酒店。本课以酒店搜索为主线，通过恰当的网络搜索平台，进行一系列活动。学生能快速获取信息，有效筛选信息，有效运用信息，并在解决真实问题的过程中，感受在线生活的便捷性。

三、学情分析

在第 9 课中，学生已经了解了信息获取的方式，体验了通过搜索引擎等途径获取有用的信息，解决生活中的问题。本课中，教师可根据三年级学生对信息科技和在线平台的好奇心与探索欲，提供相关酒店搜索在线资源，创设真实的问题情境，提供合理的引导，推进学习进程，激发学生的学习主动性。

四、学习目标

1. 素养目标

（1）能根据应用场景，针对问题设置条件，进行信息筛选，解决生活中的问题。

（2）通过体验在线预订，解决生活中的问题，感受在线生活的便捷性。

2. 项目目标

查找住宿酒店，填写酒店的入住清单。

五、教学准备

智慧课堂环境，为学生准备平板电脑，并且在平板电脑上安装在线预订平台。教师准备课件、活动记录单等相关资料。

六、教学重难点

1. 教学重点

能根据问题设置筛选条件，筛选有效信息，重视在线预订的安全问题。

2. 教学难点

能恰当地筛选信息，解决生活中的问题。树立信息安全意识。

第 3 单元　准备家庭旅游攻略

七、设计思路

1. 教学整体思路

使用在线预订平台高效地筛选信息，是人们在线生活的基本能力。本课创设在线筛选酒店信息的真实问题情境，让学生在活动中感悟如何根据条件筛选信息，解决生活中的问题。本课的主要探究活动是"高效筛选酒店信息，推荐酒店"。在课堂中教师要预留时间，与学生交流在线预订给生活带来的便利，向学生渗透"在线支付"的安全问题。针对在线支付体验活动，可以建议家长在课后根据实际情况协助学生完成。

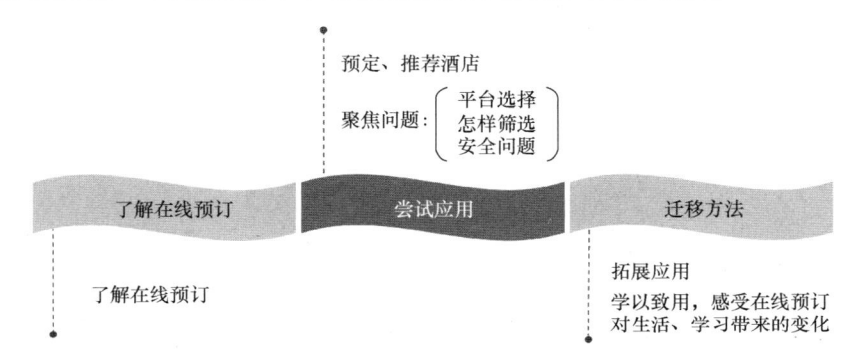

聚焦问题：
- 预定、推荐酒店
- 平台选择
- 怎样筛选
- 安全问题

了解在线预订 → 尝试应用 → 迁移方法

了解在线预订

拓展应用
学以致用，感受在线预订对生活、学习带来的变化

2. 教学流程框架

本课的教学流程如下。

首先创设情境，让学生交流"家人如何在线预订酒店、车票"等问题。然后引导学生通过搜索、比较来确定在线预订平台。选择在线预订平台后，让学生试着根据李徽一家的需求，设置条件，筛选酒店信息，并做出决策。当合作完成项目后，学生分组汇报，分享经验，形成方法。最后提出挑战，让学生尝试应用掌握的方法，筛选学习资源，实现方法的迁移。

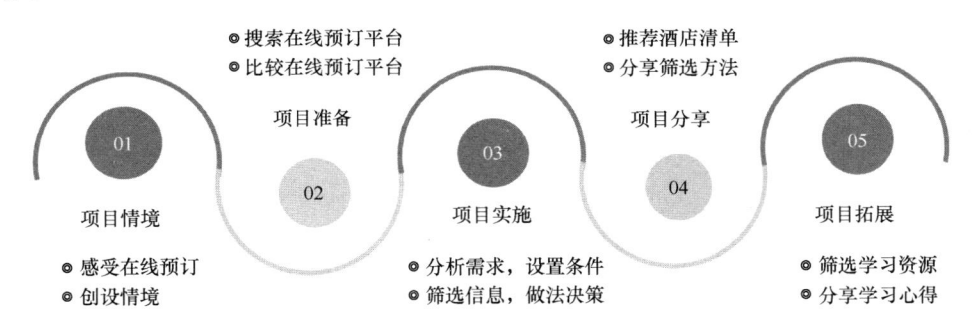

01 项目情境
- 感受在线预订
- 创设情境

02 项目准备
- 搜索在线预订平台
- 比较在线预订平台

03 项目实施
- 分析需求，设置条件
- 筛选信息，做法决策

04 项目分享
- 推荐酒店清单
- 分享筛选方法

05 项目拓展
- 筛选学习资源
- 分享学习心得

八、学习活动设计

教学环节	主要学习活动	设计意图
项目情境 提出问题	1. 播放体现在线生活便捷性的微课。 2. 师生交流在线生活的便捷性。 3. 引入问题：李徽一家出行前，需要预订酒店。寻求同学们的帮助。 4. 揭示课题：预订出行住宿酒店	创设情境，抛出生活中的问题，让学生聚焦在线预订给生活带来的影响，同时明确探究任务

99

(续表)

教学环节	主要学习活动	设计意图
项目准备 聚焦问题	说一说： 可以通过哪些平台在线预订酒店？ 如何在平台中筛选合适的酒店？ 预订过程中如何避免安全问题 聚焦问题 预定、推荐酒店 → ●哪些酒店预订平台 ●怎样筛选酒店 ●预订的安全问题	培养学生聚焦问题、分析问题的能力。培养学生的计算思维
项目实施 解决问题	活动一：体验在线获取酒店信息的过程 1. 项目准备 引导学生讨论：该如何获取酒店的信息？选择哪些在线工具更便捷？ 2. 项目实施 选择在线工具 教师提供酒店预订平台和地图导航平台两种在线工具。 根据平台界面，找出所需分类的选项，通过关键字搜索，得到不同的酒店信息 活动二：对获取的酒店信息进行筛选 1. 了解住宿需求 思考李徽一家的入住需求，梳理出需要考虑的酒店入住条件因素（如星级、价格、位置等）。 2. 筛选酒店信息 根据在线预订平台的筛选条件，筛选符合条件的酒店信息。 3. 确定酒店预订 根据筛选的酒店信息，选出合适的酒店，进行酒店推荐，并说明推荐理由	让学生初步认识需要选择合适的平台来解决问题 在尝试解决问题的过程中，掌握筛选信息的方法。 学会根据需求，合理地筛选信息。知道不能盲目地搜索信息，要有方法
项目分享 交流方法	分组汇报推荐情况，并说明筛选过程及推荐理由。 酒店筛选后需要预订酒店，其中会涉及在线支付，这个过程中可能会存在哪些安全隐患？观看微课《在线支付》	梳理信息筛选的方法，构建知识体系。 进一步强调网络安全的重要性，提高生的网络信息安全意识
项目拓展 应用方法	打开"国家中小学智慧教育平台"，你能查找到人教版语文三年级下册古诗教学资源吗？ 说一说你是如何搜索及筛选信息的	让学生应用掌握的方法，解决其他同类问题，实现拓展延伸
项目迁移 作业设计	想一想，生活中还有哪些在线搜索、在线筛选的案例？请在下面几个案例中，任选一个或几个，完成课后作业。 案例一：黄山的美食很出名，请运用本节课所学知识，制作一个美食打卡榜单。 案例二：观看爱国电影可以提升我们的爱国情怀，请选择一个在线平台，制作一份爱国电影推荐榜	提高学生通过在线搜索信息，解决学习、生活中问题的能力，实现学以致用

九、板书设计

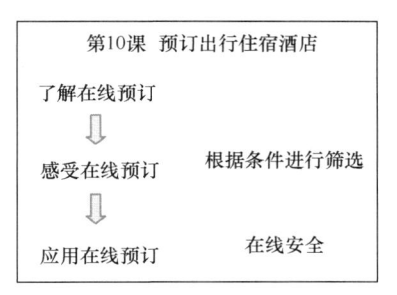

```
第10课 预订出行住宿酒店

了解在线预订
   ⇩
感受在线预订      根据条件进行筛选
   ⇩
应用在线预订      在线安全
```

十、评价设计

根据本节课的实际学习情况，进行自评。

评价内容	评价等级
能感受到在线预订给生活带来的变化	☆☆☆☆☆
能选择合适的在线预订平台进行预订	☆☆☆☆☆
能根据筛选条件，合理地筛选酒店，并做出推荐	☆☆☆☆☆
了解在线支付可能存在的安全问题，有一定的安全意识	☆☆☆☆☆

（芜湖市三山中心小学　李婷婷）

第11课　规划旅游出行路线

——信息的重要性

教学设计1

一、课标内容

针对生活中的实例，分析具体需求，采用合适的方式开展在线搜索，获取有用的信息和资源。

二、内容分析

本课的实验选题是规划旅游出行路线。李徽一家想乘坐高铁前往黄山旅游，本课以此为选题，开展实验活动。通过平板电脑上安装的数字地图，高效地规划路线，解决出行问题。本课围绕查找地图信息，帮李徽一家规划去黄山出行的方式和路线，让学生一方面感受数字地图在生活中的应用，另一方面意识到信息的重要性，同时让学生在完成实验的过程中，掌握规划旅游出行路线的基本方法和步骤。

三、学情分析

通过本单元前两课的学习，学生学会了选择不同途径获取有用信息的方法，尝试用搜索引擎工具搜索景点信息，感受在线生活的便捷性。学生对数字设备和网络充满好奇和求知欲。本课在此基础上，让他们了解如何从网络中搜索需要的信息，并具备辨别信息的意识。同时，让学生认识在线搜索能力是适应数字社会生活与学习的基本技能。

四、学习目标

1. 素养目标

（1）针对生活需求，合理选用数字工具解决问题。
（2）知道信息存在的重要性。

2. 实验目标

通过探究性实验，能够依据实际需求，查询数字地图，规划出行方式和路线。

五、教学准备

1. 教师准备

智慧课堂环境，为学生准备平板电脑，且平板电脑中安装数字地图等软件。教师提供相应的教学课件、微课、导学案、评价表、实验记录单等素材。

2. 学生准备

具备使用数字设备解决问题的意识，能用数字设备录入文字，会使用数字设备正确地浏览网络、搜索信息。课前与家长交流，日常出行前，会选择 App 查询路线、路况和周边环境等信息。

六、教学重难点

1. 教学重点

知道规划出行路线需要查找的信息，能根据问题提取关键词搜索信息，用数字地图查询路线，解决问题。

2. 教学难点

能恰当地规划出行路线，解决生活中的问题，了解信息的重要性。

七、设计思路

1. 教学整体思路

本课从真实情境"帮李徽一家规划出行方案"出发，展开探究实验活动。提出问题：李徽一家想乘坐高铁前往黄山旅游，怎样从家到高铁站？怎样从高铁站到景点？通过问题引导学生开展探究活动，促进学生的思维发展。项目准备环节，首先让学生对数字地图有初步的了解，知道利用数字地图查询信息的一般方法。然后让他们用数字地图解决出行中的具体问题，其中"规划李徽一家的出行方式和路线"是重点活动——父母让李徽查询出行中的路线信息，拟一份合理的出行路线方案。师生一起分析问题，找出关键问题：根据搜索的结果，选择合适的出行方式，规划出行路线。实验让学生体验方法，依据即时信息高效地规划路线，感悟信息的重要性，同时体现做中学、做中悟的教学理念。

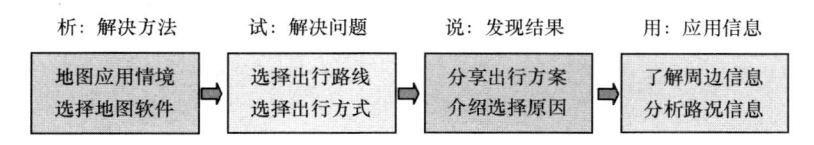

析：解决方法 → 试：解决问题 → 说：发现结果 → 用：应用信息

| 地图应用情境 | 选择出行路线 | 分享出行方案 | 了解周边信息 |
| 选择地图软件 | 选择出行方式 | 介绍选择原因 | 分析路况信息 |

2. 教学流程框架

本课旨在让学生在活动中解决问题，形成方法。首先，创设情境，引发学生思考解决问题的办法。其次，引导学生按"明确查什么—探究如何找—依据查询做决策"的步骤解决问题。接着，让学生汇报解决问题的方法和结论。最后，让学生将掌握的方法应用于生活，解决其他问题。

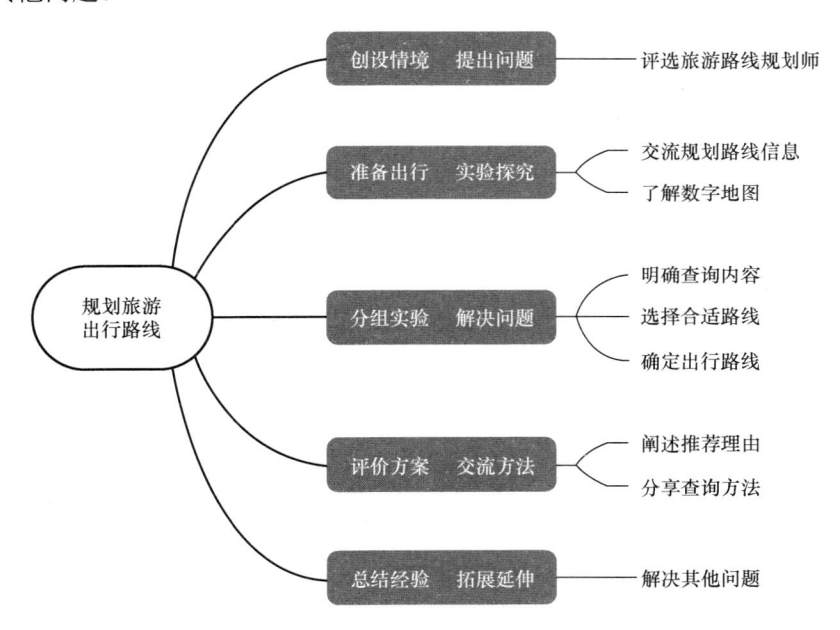

规划旅游出行路线：
- 创设情境　提出问题 —— 评选旅游路线规划师
- 准备出行　实验探究 —— 交流规划路线信息／了解数字地图
- 分组实验　解决问题 —— 明确查询内容／选择合适路线／确定出行路线
- 评价方案　交流方法 —— 阐述推荐理由／分享查询方法
- 总结经验　拓展延伸 —— 解决其他问题

八、学习活动设计

教学环节	学生活动	教师引导	设计意图
课前活动	1. 小调查：咨询家人查询出行路线的方法。 2. 小调查：家人查询路线所使用的数字地图	在平板电脑上发放课前实验记录单，学生填写后，统计问题的答案	让学生对使用数字地图查询路线有初步的感知，为解决问题做铺垫

(续表)

教学环节	学生活动	教师引导	设计意图
创设情境 提出问题	1．学生思考，列举出需要考虑的问题：李徽一家的出行路线有哪几条？出行可以使用哪些交通工具？分别要用多长时间？费用是多少？ 2．学生分享家人查询出行路线的方法，并说出这些方法的优缺点	1．情境导入 教师播放旅游景点图片，引起学生对旅游的向往和兴趣。问题：周末，李徽一家准备乘坐高铁前往黄山旅游。李徽准备为家人规划出行路线，想一想，他会遇到哪些问题？ 2．问题引导 问题：你作为小小路线规划师，能帮李徽一家拟一份到黄山旅行的出行路线方案吗？ 揭示课题	创设真实生活问题情境，激发学生探究的兴趣。在解决真实问题的过程中，了解在线搜索的重要性
准备出行 实验探究	**实验一：地图初探究** 1．探究常用的数字地图 尝试用平板电脑上网搜索：可以使用哪些数字地图查询出行路线，记录数字地图的名称。 2．推荐数字地图 组内推荐自己了解的数字地图，可以从知名度、他人推荐等方面进行判断。 根据小组内的讨论情况，确定本组所采用的数字地图	1．指导学生选择常用的数字地图，上网查询。 2．思考：你们会使用哪个数字地图查询路线？为什么？	在探究环节，初步了解常用的数字地图软件及其功能，为后面查询路线实验活动做准备。 通过交流了解信息的重要性
分组实验 解决问题	**实验二：路线初查询** 1．分析问题需求 阅读材料，初步确定李徽一家的出行路线有两条：（1）从家到高铁站；（2）从黄山高铁站到风景区。李徽一家出行需求为：时间短、费用低。 小组列举，并交流讨论选择出行路线的条件。 2．筛选到高铁站的路线 根据分析，输入出发地"我的位置"、目的地"合肥南站"，小组合作探究数字地图的查询功能，选择合适的交通工具，选择并记录路线的相关信息 3．组内推荐出行路线 组内成员交流，一起辨析谁选择的路线最符合要求。在实验记录单中记录出行所需时间和费用。	1．梳理思路 迁移：确定李徽一家的出行路线有几条时，同样要考虑李徽一家的需求。根据需求，出行路线还需要满足哪些约束条件？ 2．指导探究活动 指导学生分组筛选李徽一家到合肥南站的出行方式和路线。 3．规划出行路线前，需要了解哪些信息？比较数字地图，给出出行方案，确定使用的交通工具。 4．梳理思路 根据李徽一家的需求，明确到达景点的出行路线的条件。	分析问题，明确要找的信息。 让学生了解，要查询出行路线，先明确需要填写的信息，再设置查询的条件 通过查询出行路线，体验搜索的技巧和方法，积累经验。

第3单元 准备家庭旅游攻略

（续表）

教学环节	学生活动	教师引导	设计意图
分组实验 解决问题	4．组内成员交流，依据出行需求，筛选合适的出行路线，确定出行方案。根据费用低、速度快这两个需求，确定"乘坐地铁到达目的地"为最佳方案。 **实验三：路线再确定** 查询到达景点的路线 在数字地图中查询黄山北站到黄山风景区的出行方式和路线。 筛选合适路线 根据出行需求，学生自主探究，选择合适的交通工具，完成实验三，选择并记录路线的相关信息	5．指导探究活动 指导学生分组根据实验二、三的结果进行讨论、分析，制订李徽一家旅游出行的完整方案	通过比较查找的信息，让学生产生辨别信息的意识
评价方案 交流方法	1．各组展示出行方案 各小组指派代表扮演路线规划师，展示并分享他们为李徽一家规划的旅游出行方案。 其他组员对汇报情况进行补充。 2．评选最优路线规划师 其他小组对推荐的路线进行点评，共同评选出最优路线规划师	1．组织交流活动 谁来介绍推荐的旅游出行方案？推荐的理由是什么？你们又是如何设置查询条件的？ 2．引导学生对旅游出行方案进行互评 根据规划成果评选，推选出最优旅游路线方案	通过描述解决问题的思路，形成方法
总结经验 拓展延伸	1．畅谈感受 学生结合生活中的具体事例讨论信息的重要性。 2．方法小结 分享学习收获，完成活动评价表，对自己探究学习情况进行反馈。 3．课后拓展 独立思考，自己想解决什么学习问题，准备怎样在平台中筛选信息	1．信息的重要性 观看微课，结合自己的实验体会，试着说一说信息的重要性。 2．渗透升华 播放黄山风景的视频，渗透爱国主义教育	总结本课的收获，积累方法。在评价过程中，回顾实验过程
布置作业 实践挑战	1．尝试将数字地图切换成全景模式，和同学分享景点实况。 2．规划一份到北京旅游的路线方案，利用暑假时间实地验证	1．在数字地图上查询黄山的景点位置，尝试将数字地图切换成全景模式，欣赏景点的实况。 2．如果你和父母准备暑假去北京旅游三天，请你运用数字地图规划一份出行方案	

九、板书设计

```
第11课 规划旅游出行路线
要去哪里 → 查询路线 → 确定方案
        数字地图便查询  应用信息好处多
```

附：实验记录单

小组名称	第___组 分工：组长_____ 记录_____ 动手操作_____ 推荐_____
实验报告	实验一：地图初探究 (1) 想一想：规划出行路线方案前要了解哪些信息？（☆） (2) 打开搜索工具，输入关键词"数字地图"，你看到了哪些软件？你选择了_____。（☆） (3) 说一说：李徽一家的出行需求是：时间_____，费用_____。（☆） **整个实验过程，小组共获得_____颗星。**
	实验二：路线初查询 (1) 分析李徽一家从家出发，到达合肥南站的出行路线，在数字地图中输入出发地"我的位置"及目的地"合肥南站"，选择的出行方式是： 步行□ 自行车□ 摩托车□ 汽车□ 公交车□ 地铁□ 火车□ 长途客车□ 飞机□ 轮船□ 出租车□（ ☆ ） (2) 你的查询条件是：地铁优先□ 步行少□ 换乘少□ 时间短□（ ☆ ） **整个实验过程，小组共获得_____颗星**
	实验三：路线再确定 李徽一家从黄山北站出发，到达黄山风景区，应选择的最佳出行方式和路线： | 到风景区的出行路线 | 出发地：黄山北站 目的地：黄山风景区 | |---|---| | 选择出行方式 | 步行□ 自行车□ 摩托车□ 汽车□ 公交车□ 地铁□ 火车□ 长途客车□ 飞机□ 轮船□ 出租车□（ ☆ ） | | 设置查询条件 | 费用最低□ 步行少□ 换乘少□ 时间短□（ ☆ ） | | 出行的路线 | 从_____转_____，再转_____。（ ☆☆☆ ） | **整个实验过程，小组共获得_____颗星**
项目评价	活动收获：以上所有实验过程，小组共获得_____颗星。 活动评价表： | 评分项目、评分标准及分值 | | 得分 | |---|---|---| | 分析与规划（20分） | 项目主题明确、团队任务分配合理 | | | 工具与方法（20分） | 了解查询路线的几种途径；能依据需求筛选信息 | | | 核心知识（30分） | 选用合适的数字地图，搜索出行路线和方式 | | | | 知道路线信息需要辨别 | | | 实验成果（30分） | 能够正确整合、处理所获信息 | |

（芜湖市育红小学旭日天都校区　童蕾）

第3单元　准备家庭旅游攻略

教学设计 2

一、课标内容

针对生活中的具体需求，获取有用信息和资源，知道信息存在的重要性。

二、内容分析

本课的项目是规划旅游出行的方式和路线，旨在帮助李徽一家规划黄山旅游的出行方案，并开展相关的项目活动。通过这些活动，让学生体验利用数字地图搜索信息，规划出行路线的过程。了解数字地图在生活中的应用，并认识到信息的重要性。在项目活动中，学生将掌握如何根据具体需求查询路线信息，并根据地图信息做出合理的出行决策。

三、学情分析

三年级的学生已经初步掌握了简单的计算机操作技巧和网络工具的使用方法，同时在之前的课程中学习了信息搜索与筛选的技能。但他们缺少独立用数字地图规划路线的体验，需要通过实践活动来加深理解。本节课将在此基础上，让学生深刻体会准确的信息对决策的关键性影响，从而培养他们综合运用所学知识解决实际问题的能力。

四、学习目标

1. 素养目标

（1）通过比对不同的数字地图，了解获取网络信息的多种途径，掌握利用数字地图查询出行方式和路线的基本方法和技巧。

（2）能够根据实际需求和条件，选择最合适的出行方式和路线，体验信息在解决实际问题中的重要作用，学会依据获取的信息做出合理决策的方法。

2. 项目目标

通过搜索并比对不同的出行方式和路线，拟订一份到黄山旅游的合理出行方案。

五、教学准备

1. 教师准备

教师需备好智慧课堂环境及多媒体教学工具，确保每位学生都配备预装数字地图和搜索引擎的平板电脑，以辅助学习。教师提供相应的教学课件、微课与活动记录单等教学素材。

2. 学生准备

学生应具备数字设备使用意识，掌握文字录入和网络浏览等基本技能。课前需与家长探讨选择出行方式和路线的考虑因素，确定小组内各成员的分工，以便在课堂上进行高效的合作学习。

六、教学重难点

1. 教学重点

通过对比不同的数字地图，掌握使用数字地图的基本方法和技巧，理解信息在规划旅游出行中的重要作用。

2. 教学难点

了解不同出行方式的优缺点。根据实际需求和条件，有效筛选和应用相关信息，选择最合适的出行路线和方式。

七、设计思路

1. 教学整体思路

本课以学生为中心，通过创设真实的旅游出行情境，引导学生主动探究、进行合作学习。课程从李徽一家黄山游的实际需求出发，提出如何前往高铁站，以及从黄山高铁站如何前往黄山景点的具体问题。通过这些问题，激发学生探索数字地图的兴趣，理解信息在出行规划中的重要性，并学会利用数字地图查询和规划出行路线。在教学过程中，注重培养学生的问题解决能力、信息筛选与决策能力，以及团队协作和沟通表达能力。

2. 教学流程框架

本课通过情境导入引发学生对"李徽一家出行方式和路线设计"的思考，进而引导学生联系生活实际，利用数字工具——数字地图助力查找；将探究问题分解成两个更具体的子问题，发散思维，明确查询条件，探究查找方法，并依据查询结果做出合理决策。最后，学生汇报、交流各自的出行方案，并将所学方法拓展应用到其他生活场景，从而深刻理解信息在解决问题中的重要性。

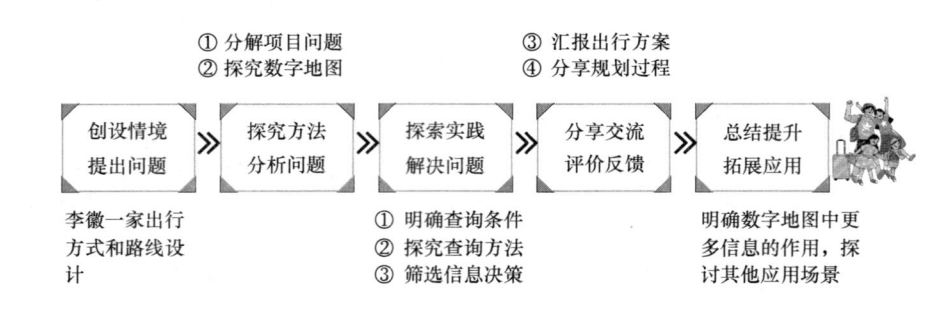

第 3 单元　准备家庭旅游攻略

八、学习活动设计

教学环节	学习内容和活动	设计意图
创设情境 提出问题	**1．情境创设** 教师引导："在出发前，我们面临一个重要的问题——如何精心安排这一路的行程，才能确保旅途既顺畅又充满乐趣呢？小主人公李徽接到了这样一个任务，现在，让我们一起帮帮他，体验如何高效地规划旅游出行方式和路线。" **2．问题提炼** 教师进一步引导，分解问题，明确李徽一家面临的具体问题： （1）如何制订从家门口到高铁站的出行方案？ （2）如何制订从黄山高铁站到黄山旅游景点的出行方案？ 学生活动：学生扮演李徽的角色，思考如何从家门口到高铁站，再从黄山高铁站到黄山旅游景点的旅行路线	通过创设一个贴近学生生活的真实情境，激发学生的学习兴趣和探究欲望。在帮助学生解决实际问题的过程中，引导他们认识信息的重要性。 学生交流，明确规划出行路线的重要性
探究方法 分析问题	**1．根据经验，给出初步建议** 教师引导："同学们，我们每个人都有出行的经历。现在，请回想一下，当你规划出行方案时，你会考虑哪些因素？请分享你的经验，并告诉我们为什么这些因素对你来说很重要。" 小组讨论：结合自己的出行经验，列出哪些因素是关键的（时长等），哪些可以权衡的（费用、舒适度等），然后提出初步的出行建议。 展示与讨论：每组选派一名代表，向全班展示该组讨论的结果，并解释选择这些因素的原因，其他同学可以提问或补充意见。 **2．结合调研，探究获取信息的方法** 教师提问："根据我们的调研，大多数同学都有看家人使用数字地图的经验，但能熟练使用的同学并不多。那么，如何利用数字地图来帮助我们获取相关信息，规划出行方案？" 师生总结：作为数字时代公民，要想拟订一份合理的出行方案，借助一些数字工具规划出行路线会更加方便。 **3．学习交流，了解数字地图的使用** 阅读资料，了解常用数字地图的基本功能和使用方法。 教师提问：如何使用数字地图查询交通路线信息？ 教师提供数字地图的链接，供学生直接使用。 小组实践：学生尝试使用一种数字地图，选择查询的条件和查询的方法以熟悉其操作。 小组讨论：数字地图提供了哪些信息？这些信息是否有助于规划出行路线和方式？ 学生归纳总结：数字地图提供的信息对规划出行路线的帮助	在讨论交流的过程中，感受数字地图提供的信息对路线规划的重要性，并培养利用网络资源解决实际问题的能力。 在探究时，掌握数字地图的使用方法和技巧，了解数字工具的优势

(续表)

教学环节	学习内容和活动	设计意图
探索实践 解决问题	1. 确定查询条件，整理查询信息 教师提问："如何综合考虑多个因素，制订最合适的出行方案？" 小组讨论与决策：小组内讨论并确定查询条件，如出发时间、交通方式等。 分工合作，搜集不同出行方式的信息，并进行整理。 教师引导学生分析李徽一家的出行需求，如时间、费用、舒适度等。 | 考虑因素	出行方式		
---	---	---	---
时间			
费用			
舒适度			| 综合比较不同方案的优缺点，确定最合适的出行方案。 分组汇报：获取从家到高铁站的公交路线信息，需要设置哪些查询条件？查询哪些信息？推荐合适的公交路线，并阐述理由。学生展示他们的查询条件列表，并解释为什么这些条件对于选择最佳路线至关重要。 2. 筛选查询到的信息，做出决策 头脑风暴，确定从高铁站到景点最合适的出行方案：用时短，费用少。 对比不同出行方式的优缺点，引导学生思考：如果你们是李徽，会更看重旅行的时间效率还是费用？ 各小组确定李徽一家合理的出行方案，填写活动记录单中的出行方案表格，并向全班汇报	根据数字地图的即时信息，进行信息筛选和分析，高效规划路线，最终解决出行问题，让学生深刻理解信息在决策中的重要作用。 通过分组合作，培养学生的团队合作精神和解决实际问题的能力
分享交流 评价反馈	教师引导："哪个小组的出行方案最科学合理？请各小组依次上台，展示你们精心策划的出行方案。在展示过程中，详细介绍你们搜集的信息，分析规划路线的依据，以及哪些信息帮助小组确定了最终的路线选择。" 评价与提问：其他小组成员对展示的方案进行评价，提出问题和建议。 方案优化：根据评价和提问，各小组对自己的方案进行反思和优化。 教师在学生展示过程中给予鼓励和指导，确保展示内容清晰、有条理，并且符合评价标准。 最终确定并选择最佳的出行方案。 方案的实际可行性：是否考虑到了实际交通情况、时间安排等。 信息的准确性和完整性：搜集的信息是否真实可靠，是否够全面。 展示与表达能力：小组展示时是否清晰、有条理	通过成果展示和评价环节，提升学生的自信心和表达能力。引导学生深入思考规划的合理性和可行性，并提出有建设性的意见。培养学生的批判性思维和合作精神
总结提升 拓展应用	教师："通过本课，你发现信息的重要性了吗？你能说一说自己的收获吗？试着填写活动记录单。" 总结收获，畅谈感受。 视频拓展：教师引导学生讨论数字地图的其他应用场景，如城市导航、户外探险等，拓宽学生的视野	通过项目延伸环节，引导学生将所学知识拓展到实际生活，进行知识和方法的迁移

九、板书设计

第11课 规划旅游出行路线

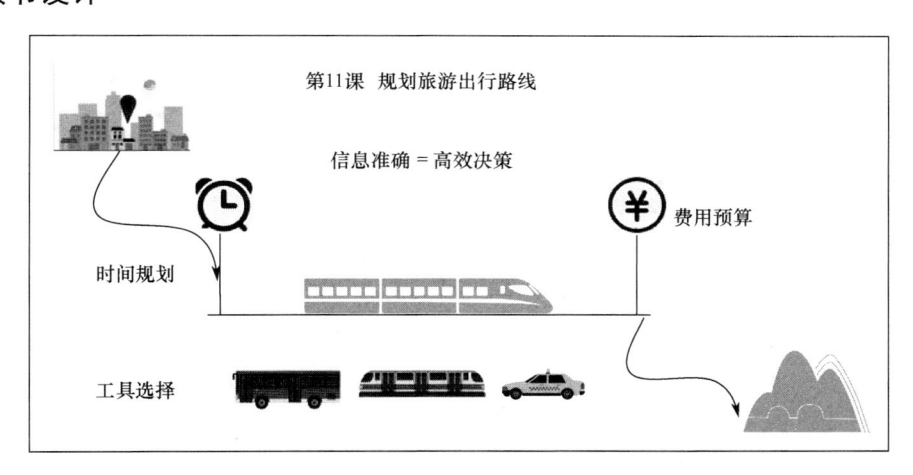

信息准确＝高效决策

时间规划

费用预算

工具选择

附：活动记录单

第 11 课 "规划旅游出行路线"活动记录单

小组成员：_____

【项目调研】

小组讨论：同学们，你们和家人一起出去玩的时候，家长是怎么找到要去的地方的呢？你们有没有注意到他们用数字地图来查找路线？你有没有试过使用数字地图来查找目的地或规划路线？请和大家分享一下你的经历吧！

写一写：_____

任务一

填一填：分析李徽一家的出行需求，确定出行方案，需要综合考虑时间、费用、舒适度等因素。

李徽一家的出行需求①	确定从家到高铁站最合适的出行方案
我们的选择是：	
推荐的理由：	
画出从家门口到高铁站的出行路线简图，并标注关键信息点（如公交站、公交车次、换乘点等）。	
李徽一家的出行需求②	确定从高铁站到景点最合适的出行方案
出发地：	

目的地：
需求分析：时间规划（短/无所谓），费用预算（少/无所谓）
其他需求：

我们的选择是：□公交车 □出租车 □地铁 □其他
推荐的理由：

任务二

评一评：同学们，请认真填写学习评价量表，看看你能收获多少把通往知识宝库的金钥匙。注意，每次自评都是自我成长的重要一步！

	我的收获	评价
分析与规则 （2把🔑）	项目主题明确，团队合作愉快	_____把🔑
工具与方法 （2把🔑）	能应用数字地图，获取和筛选信息，并做出合理的决策	
核心知识 （4把🔑）	掌握了数字地图的使用方法和技巧	
	知道信息存在的重要性	
项目探究成果 （2把🔑）	成功拟订一份合理的出行方案	

（合肥市亳州路小学　王菁）

第12课　拟订旅游安全锦囊

——信息辨别

教学设计1

一、课标内容

结合在线生活中的应用实例，引导学生了解信息安全对生活的影响，通过在线方式查找、总结防范数据泄露的方法，树立正确的安全观，增强信息社会责任感。

二、内容分析

本课的实验选题是拟订旅游安全锦囊。在前面的活动中，学生具备了获取网络信息、解决问题的基本素养。但面对网络中良莠不齐的信息，他们还缺乏辨别信息的意识和能力。所以本课聚焦网络中的虚假旅游信息，让学生发现"网络中存在虚假信息，虚假信息有危害，辨别信息有方法"等问题，并在探究这些问题的过程中，以小见大，自己"悟"出安全上网的要点。

三、学情分析

通过本单元前三课的活动，学生学会选择不同途径获取有用的信息，尝试用不同的数字工具查询、搜索信息，学会运用获取的信息解决问题。他们掌握了熟练使用数字设备和在线查询信息的方法。通过本课的学习，学生了解从网络上搜索到的信息是良莠不齐的，具备辨别信息的意识。

四、学习目标

1. 素养目标

（1）根据具体的应用场景，从问题的情境、数据的来源及内容表达的目的，判断信息的合理性和可靠性。

（2）了解政府网站等权威网站。

2. 实验目标

通过探究性实验，引导学生知道网络虚假信息的危害，能够整理出辨别虚假信息的小秘籍，制订安全上网小锦囊。

五、教学准备

1. 教师准备

智慧课堂环境，为学生准备平板电脑，且平板电脑中安装相应的搜索工具。教师要准备好相关的活动资料，如教学课件、微课、导学案、评价表、实验记录单等。

2. 学生准备

具备使用数字设备解决问题的意识，能用数字设备录入文字，会正确使用数字设备浏览网络、搜索信息。课前与家长交流，日常出行前从网络上查询相关旅游信息。

六、教学重难点

1. 教学重点

能识别网络中的虚假旅游信息，掌握辨别信息的方法，理解安全上网的要点。

2. 教学难点

将辨别信息的方法迁移到安全上网过程中。

七、设计思路

1. 教学整体思路

李徽是班级信息安全宣讲员，主题队会上要向大家宣传网络安全知识。他想根据自己在网上查找旅游信息的经历，整理出辨别虚假信息的小秘籍，制订安全上网小锦囊，与同学分享。学生观看网络虚假信息的相关事例、微课等，提出问题：怎样辨别信息的真伪？上网浏览旅游信息时有哪些安全隐患？基于这些问题，学生进行探究实验活动，并在探究这些问题的过程中，以小见大，总结安全上网的要点。

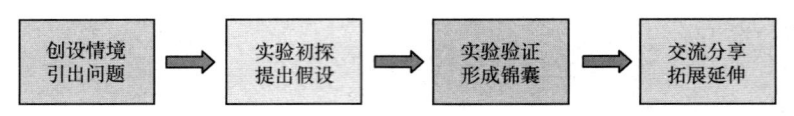

创设情境引出问题 → 实验初探提出假设 → 实验验证形成锦囊 → 交流分享拓展延伸

2. 教学流程框架

本课旨在让学生在活动中解决问题，形成方法。首先，情境导入环节，引导学生思考解决问题的办法；其次，引导学生按"明确查什么，探究如何找，依据查询做决策"的步骤解决问题；接着，让学生汇报解决问题的方法和结论；最后，让学生将方法应用于生活，解决其他问题。

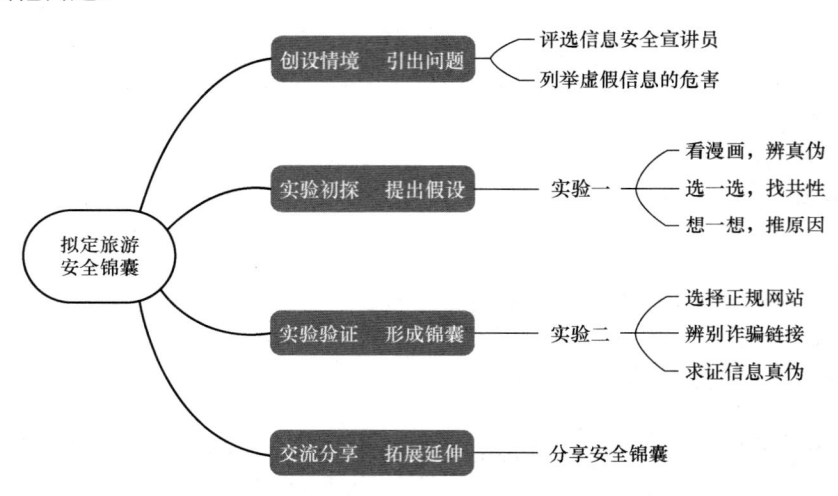

拟定旅游安全锦囊
- 创设情境 引出问题
  - 评选信息安全宣讲员
  - 列举虚假信息的危害
- 实验初探 提出假设 — 实验一
  - 看漫画，辨真伪
  - 选一选，找共性
  - 想一想，推原因
- 实验验证 形成锦囊 — 实验二
  - 选择正规网站
  - 辨别诈骗链接
  - 求证信息真伪
- 交流分享 拓展延伸
  - 分享安全锦囊

八、学习活动设计

教学环节	学生活动	教师引导	设计意图
课前活动	1. 小调查：咨询家人旅游前会查询哪些信息。 2. 小调查：家人是否相信查询到的所有旅游信息	在平板电脑上发放实验记录单，让学生填写调查结果	学生对查询的旅游信息有初步了解，为解决问题做铺垫
创设情境 引出问题	1. 学生根据案例中提供的信息思考，上网查询搜索问题：出行前获取的信息是否真实可信？虚假信息可能会对人们的出行产生哪些影响？	1. 情境导入 展示李徽帮妈妈查询关于旅游的网络信息，想一想：出行前获取的信息是否真实可信？	创设真实的生活问题，引发学生探究的兴趣。在解决真实问题的过程中，了解信息真伪的重要性

第3单元 准备家庭旅游攻略

（续表）

教学环节	学生活动	教师引导	设计意图
创设情境 引出问题	2．学生讨论后，得出虚假信息的危害：虚假广告用低价游、无购物吸引消费者，实际情况与虚假信息严重不符，影响用户的旅游体验，造成经济损失，个人信息被泄露。 3．学生积极探索，迎接挑战	让学生初步感受网络信息的复杂性。 2．问题引导 问题：网络上关于旅游的信息铺天盖地，怎样辨别信息真伪？你作为小小安全宣传员，需要制订安全小锦囊，教大家辨别真伪。 揭示课题	创设真实的生活问题，引发学生探究的兴趣。在解决真实问题的过程中，了解信息真伪的重要性
实验初探 提出假设	**实验一：看漫画，辨别信息真伪** 1．看漫画，辨真伪 观看漫画，辨别真伪，记录判断的结果。讨论虚假信息对人们可能产生的影响是什么。 2．选一选，找共性 阅读案例2，尝试用平板电脑上网搜索虚假信息诈骗案例，总结其共同点是什么，选择认为正确的结论，记录在实验单中。 3．想一想，推原因 小组讨论，得出结论：上面案例中主人公银行卡上的资金被盗取了、个人信息被泄露了	1．指导学生观看三组漫画，辨别漫画中的信息是否真实？如果是虚假信息，会给人们产生什么影响？ 2．引导学生上网查询虚假信息案例，找出虚假信息诈骗案例的共同点，并选择正确的结论。 3．指导学生思考：用户会因虚假信息而受到哪些伤害？用户上当的原因有哪些	在探究时，初步了解常见的诈骗方法有哪些，讨论诈骗成功的原因，为后面拟订安全锦囊实验活动做准备。 通过交流了解虚假信息可能给人们造成的伤害
实验验证 形成锦囊	**实验二：细探究，拟订安全锦囊** 1．选择正规网站 上网浏览合肥市政府官方网站，比较网上关于家乡的信息和实际信息是否一致？填写实验记录单。 2．辨别诈骗链接 根据记录单中提供的案例，判断漫画中人物的行为是否存在安全隐患。 3．求证信息真伪 学生交流，组内辨析，查询到超低价的机票，你会买吗？怎样判断机票的真伪？在实验记录单中记录采用的求证方法。 小组交流，依据上面的实践经验，拟订旅游安全小锦囊	1．梳理思路 哪些网站发布的信息权威、可靠？上网浏览政府网站，判断网站上的信息是否和实际信息一致。 2．指导探究活动 指导学生查询"哪些行为存在安全隐患"。 3．引导学生查询"辨别信息真伪的途径"。 4．梳理思路 迁移：根据实验结果，制订旅游安全锦囊	分析问题，明确信息的发布者和信息权威性之间的联系。 查询网上的诈骗案例，知道不正确的行为会给人们带来危害。 通过求证信息的真伪，体验辨别信息的技巧和方法，积累经验。 通过比较查找的信息，让学生产生辨别信息的意识
交流分享 拓展延伸	1．小组展示旅游安全小锦囊 各小组推荐网络安全宣传员，代表展示并分享所在小组制订的旅游安全小锦囊。其他组员对汇报情况进行补充。 2．评选最佳网络安全宣传员 其他小组对拟订的安全锦囊进行点评，共同评选最佳网络安全宣传员	1．组织交流活动 引导：谁来介绍一下你们小组推荐的旅游安全小锦囊？你们是根据什么制订的？ 2．引导学生评价，根据各组的辨别方法，评选最佳网络安全宣传员	通过描述解决问题的思路，帮学生分析信息的真伪，形成制订安全锦囊的方法

(续表)

教学环节	学生活动	教师引导	设计意图
课后拓展 实际验证	1. 畅谈感受 学生结合生活中的具体事例，谈谈树立辨别信息的意识的重要性。 2. 方法小结 交流学习收获，并完成实验评价表，各组分享探究实验情况。 3. 课后拓展 独立思考，想解决什么学习问题，准备选择什么平台购买火车票	1. 信息安全的重要性 观看微课，结合自己的实验体会，试着说一说信息安全的重要性。 2. 渗透升华 播放网络安全相关影片，掌握正确对待网络信息的方法	总结本课的收获，积累方法。在评价过程中，回顾实验过程

九、板书设计

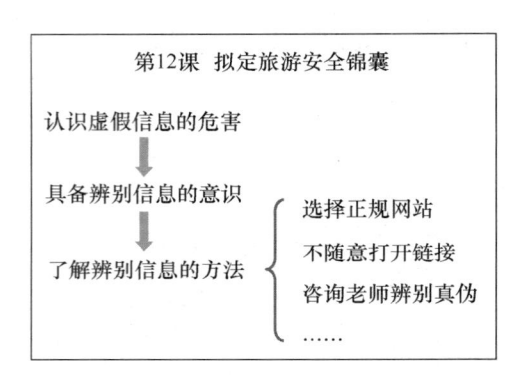

```
第12课  拟定旅游安全锦囊

认识虚假信息的危害
        ↓
具备辨别信息的意识        选择正规网站
        ↓                不随意打开链接
了解辨别信息的方法        咨询老师辨别真伪
                         ……
```

附：实验记录单

小组名称	第___组 分工：组长_____ 记录_____ 动手操作_____ 推荐_____
实验报告	实验一：看漫画，辨别信息真伪 1. 想一想：下面两张图中的信息真实吗？（☆☆☆） 夸大宣传 对人们的影响：_____ 真□ 假□ 诈骗链接 对人们的影响：_____ 真□ 假□

第3单元　准备家庭旅游攻略

（续表）

| 实验报告 | 左图中的虚假信息可能对人们产生的影响：＿＿＿＿＿＿；
右图中的虚假信息可能对人们产生的影响：＿＿＿＿＿＿。
2．选一选，下图中的诈骗方法有哪些共性？（☆☆）

中奖啦！　　　　送礼品！
点击链接领奖！　点击链接兑积分！

□发布虚假信息　　　□诱导用户打开诈骗链接
□盗取银行卡上的资金　□骗取用户银行卡账号等信息
3．想一想，下面的案例中信息诈骗成功的原因是什么？（☆☆）
　□盲目轻信他人　□好奇心　□贪心，占小便宜
　□＿＿＿＿＿＿＿＿

实验过程中，小组共获得＿＿＿＿颗星。
实验二：细探究，拟订安全锦囊
　1．打开合肥市政府官方网站，在首页下方的"便民查询"中查一查地铁1号线的时刻表。通过该网站查找的信息和实际的信息：□一致　□不一致。
　得到的结论是：权威机构或知名机构发布的信息比较＿＿＿＿。（☆）
　2．辨一辨：下图中人物的行为存在安全隐患吗？□不存在　□存在

得到的结论是：来历不明的二维码＿＿＿＿＿＿，包含诱导信息的链接＿＿＿＿＿＿。（☆☆☆）
猜一猜：网上查询到的超低价机票可以直接买吗？你会选择下面哪些方法进行甄别呢？（☆☆☆） |

117

(续表)

实验报告	☐价格比市场低很多　☐多平台获取该航班的机票信息 ☐查看该平台用户评论　☐＿＿＿＿＿＿＿＿＿＿＿＿＿ 实验过程中，小组共获得＿＿＿＿＿＿颗星。 活动收获：以上所有实验中，小组共获得＿＿＿＿＿＿颗星。	
项目评价	评分项目、评分标准及分值	得分
	分析与规划 （20分）	项目主题明确、团队任务分配合理	
	工具与方法 （20分）	对提供的若干旅游相关网络信息进行分析和判断，辨别其真假	
	核心知识 （30分）	依据小组记录情况判断结果，分享并讨论发现的虚假信息及其危害	
		学生总结辨别信息的方法，如多渠道核实、查看来源、分析逻辑等	
	实验成果 （30分）	能正确整合、处理所获信息，制订安全锦囊并进行分享	

（芜湖市育红小学旭日天都校区　童蕾）

教学设计2

一、课标内容

根据具体的应用场景，判断信息的合理性和可靠性。

二、内容分析

本课的项目是拟订旅游安全锦囊，旨在通过李徽帮助妈妈查询并甄别旅游信息的案例，让学生知道信息有真伪之分，并培养他们主动辨别信息的意识和能力。课程内容将围绕如何辨别网络上的旅游信息展开，让学生发现"网络中存在虚假信息，虚假信息有危害，辨别信息有方法"等问题，并在探究这些问题的过程中，以小见大，进一步提高学生的信息素养和网络安全意识。

三、学情分析

通过前面的活动，学生具备了获取网络信息以解决问题的基本素养。本课将进一步培养他们辨别网络信息真伪的能力。考虑到三年级学生对网络安全的认识相对薄弱，但他们的好奇心和求知欲较强，因此本课将通过生动的案例和实践操作，激发学生的学习兴趣，引导他们在实践中学习和掌握信息辨别的技能，也让他们更加明确辨别网络信息是适应数字社会生活和学习的重要技能。

四、学习目标

1. 素养目标

（1）了解信息有真伪之分，认识辨别信息真伪的重要性。
（2）能够运用所学知识辨别网络信息的真伪，形成主动辨别信息的意识和习惯。
（3）学会整理和使用旅游信息安全锦囊，以应对实际生活中可能遇到的信息真伪问题。

2. 项目目标

通过李徽同学的案例，引导学生对旅游信息进行甄别，拟订旅游安全锦囊。

五、教学准备

1. 教师准备

智慧课堂环境，为学生准备平板电脑，并且在平板电脑中安装搜索引擎工具。教师提供相应的教学课件、微课、活动记录单等教学素材。

2. 学生准备

具备使用数字设备解决问题的意识，能用数字设备录入文字、在线浏览和搜索信息。课前与家长沟通，了解家长在旅游信息搜索和甄别方面的经验和做法，为课上的讨论和实践活动做准备。

六、教学重难点

1. 教学重点

（1）认识到网络信息存在真伪问题，并理解其对旅游体验的影响。
（2）学会运用所学知识，对旅游信息进行甄别和筛选。

2. 教学难点

（1）培养独立辨别信息真伪的能力，形成自主判断的习惯。
（2）能将所学知识应用于实际生活，提高对网络信息安全的防范能力。

七、设计思路

1. 教学整体思路

本课基于李徽帮助妈妈查询和甄别旅游信息的真实情境，引导学生认识到辨别信息真伪的重要性。通过"提出问题——网络中存在虚假信息，分析问题——虚假信息有危害，解决问题——辨别信息有方法"的过程，培养学生主动辨别信息的意识和能力。在体验和实践的过程中，学生将学会辨别网络上的旅游信息，整理出实用的旅游信息安全小锦囊。整体教学思路旨在体现"做中学""用中学""创中学"的教学理念，让学生在解决实际问题的过程中，提升信息素养和网络安全意识。

2. 教学流程框架

本课基于李徽查询旅游信息的真实情境，引出信息真伪的关键性，进而明确本课的中心任务——引导学生探究如何辨别旅游信息真伪并整理旅游安全锦囊。通过案例分析、活动体验、方法探究及成果分享的流程，让学生逐步领会并掌握信息辨别的核心方法，最终通过课堂总结环节强化信息辨别的现实意义和应用价值。

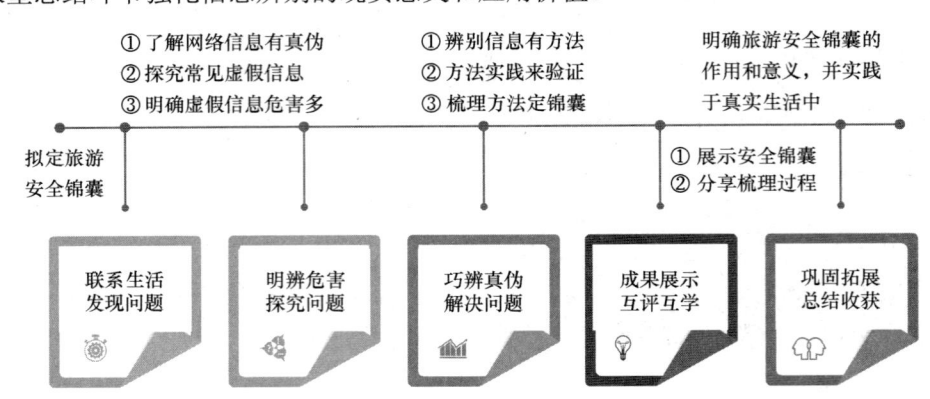

```
①了解网络信息有真伪        ①辨别信息有方法         明确旅游安全锦囊的
②探究常见虚假信息          ②方法实践来验证         作用和意义，并实践
③明确虚假信息危害多        ③梳理方法定锦囊         于真实生活中

拟定旅游                                          ①展示安全锦囊
安全锦囊                                          ②分享梳理过程

联系生活      明辨危害      巧辨真伪      成果展示      巩固拓展
发现问题      探究问题      解决问题      互评互学      总结收获
```

八、学习活动设计

教学环节	学习内容和活动	设计意图
联系生活 发现问题	**1. 联系生活，发现问题** 教师："同学们，李徽在帮助妈妈查询旅游信息时，遇到了什么挑战？在我们计划旅行时，经常需要搜索相关信息，但网络信息五花八门，真假难辨。就像刚才的视频里展示的，稍不留神就可能陷入骗局。" 学生观看虚假旅游相关视频或图片，思考并回答教师提出的问题，了解李徽在查询旅游信息时遭遇的问题。 明确上网查询旅游信息需要面临的问题：网络中存在虚假信息，需要辨别真伪。 **2. 话题讨论，提出建议** 思考李徽遇到的问题，判断网络中的虚假信息对旅游计划可能产生的影响。 结合自己外出旅游的经历，讨论如何更好地帮助李徽避免上当受骗。 思考并分享自己对于如何避免网络虚假旅游信息的看法，为了更好地帮助李徽，提出建议：拟订旅游安全锦囊。 揭示课题	通过播放视频，使学生直观感受到生活中网络信息的错综复杂，进而提高学生对辨别信息真伪的警觉性。 通过交流与讨论，初步感知辨别信息真伪至关重要。同时，明确旅游安全锦囊的意义，为后续的学习和实际应用奠定坚实基础
明辨危害 探究问题	**1. 收集虚假信息，梳理常见的辨别方法** 学生分组进行"案例分享"活动。每组分享 1~2 个具体的旅游相关的虚假信息案例。 教师："记住，信息的真伪会影响旅游体验。想要拟订旅游安全锦囊。我们首先要了解虚假信息背后的那些事儿。" 引导学生阅读和思考这些案例，尝试找出虚假信息案例的共性，综合分析网络上其他常见的虚假信息案例。 小组合作，讨论案例，分析虚假信息的危害，并归纳虚假信息辨别方法。	通过学生分组进行"案例分享"活动，让他们亲身参与、深入了解旅游相关的虚假信息案例，从而深刻认识到虚假信息的危害性和辨别信息真伪的重要性

(续表)

教学环节	学习内容和活动	设计意图
明辨危害 探究问题	**2．找出原因，认识虚假信息的危害** 学生思考：为什么凭借虚假信息能够成功实施诈骗？讨论诈骗者利用人们的心理因素和社会因素。 教师引导学生分析诈骗成功的原因，如技术手段、心理操控等，并解释其对个人和社会的影响。 师生总结：凭借虚假信息诈骗成功的原因及影响。 学生归纳总结：虚假信息有危害	
巧辨真伪 解决问题	**1．验证辨别虚假信息的方法** 分组讨论：学生分组进行"火眼金睛辨真伪"活动。每个小组将分析和判断所给信息的真实性，并说明理由。 实践验证：学生将尝试使用各种方法来验证信息的真实性，如搜索官方信息、比对多个来源等。 可从以下方面引导学生。 问题1：信息来源审查 请描述你如何确认信息发布者的可靠性？ 例子：我检查了信息是否来自_____。 问题2：信息一致性对比 你如何从不同渠道验证信息的一致性？ 例子：我比较了_____网站上的价格。 问题3：官方声明核实 你如何查找并核实官方声明或更新？ 例子：我查找了_____发布的旅游信息。 问题4：用户评论与评价分析 你如何分析在线评论和评价？ 例子：我注意到评论中_____可能是虚假的。 例文：我比较了_____网站上的价格。 问题5：你如何运用逻辑推理来判断信息的合理性？ 例子：我考虑了信息是否_____。 …… 头脑风暴，归纳和总结辨别网络上旅游信息的有效方法。 **2．拟订各组旅游安全锦囊** 教师："现在，请同学们运用刚才所学的知识，拟订一份实用的旅游安全锦囊。帮助同学们在旅游过程中避免上当受骗。" 学生根据头脑风暴的结果，提炼和概括关键的辨别方法，拟订一份旅游安全锦囊。 教师引导学生思考锦囊的实用性和针对性，确保旅游安全锦囊内容能够帮助同学们避免上当受骗。 各小组最终确定旅游安全锦囊中的内容	通过小组讨论，体验辨别信息真伪的过程，学会正确对待网络中的信息，引导学生总结信息辨别方法，培养学生主动辨别信息的意识
成果展示 互评互学	教师："每个小组都已经完成了自己的旅游安全锦囊。这些锦囊不仅凝聚了大家的智慧和努力，也是对所学知识的一次实际应用。现在，我们将进入展示环节。请各组代表依次上台，向全班同学展示你们的成果。" 师生共同对各组的展示情况进行评价，鼓励学生相互借鉴优点，吸取彼此的经验和教训，以促进共同进步	通过项目展示和互评互学的环节，促进学生之间的交流与合作，让学生发现问题、解决问题，锻炼学生的表达能力和批判性思维

（续表）

教学环节	学习内容和活动	设计意图
巩固拓展 总结收获	拓展：回家后，与家人一起讨论和完善"旅游安全锦囊"，并尝试在网络上找一条旅游信息，运用我们学到的技巧和家人一起辨别真伪。 总结收获，畅谈感受，填写项目活动评价	将课堂知识延伸到家庭和日常生活，让学生在实践中巩固和运用所学技巧，同时增强家庭对信息安全的重视程度。形成家校共育的良好氛围，共同提升学生的信息素养和安全意识

九、板书设计

```
第12课  拟定旅游安全锦囊

网络信息        有真伪

虚假信息        危害多

辨别方法：      信官方

                辨链接

                细核实
```

附：活动记录单

第12课 "拟订旅游安全锦囊"活动记录单

小组成员：_____

活动一：了解虚假信息的危害

小组讨论：你们遇到过哪些虚假信息？给你们或家人带来哪些困扰？

活动二：学习辨别虚假信息的方法

选一选，以下哪些方法可以帮助我们辨别网络信息的真伪？

□ 查看信息的来源是否可靠

□ 查阅资料、实验论证、请教师长

□ 相信所有网红或博主的推荐

□ 使用搜索引擎查找相关信息，进行验证

□ 直接购买，不考虑信息真实性

第 3 单元　准备家庭旅游攻略

活动三：拟订旅游安全锦囊

1．画一画：请在下方空白框内画出你的"旅游安全锦囊"，可以是一个背包、一个宝箱或任何你觉得能代表锦囊的图案。

2．填一填：在你的"旅游安全锦囊"里，你觉得应该放入哪些"安全小贴士"？请填写在锦囊图案旁边。

例如：

只从官方或可信赖的网站上预订旅游服务。

在支付前，先核实信息的真实性。

不随意点击不明链接，防止个人信息泄露。

3．议一议：与同学们分享你的"旅游安全锦囊"及其中的"安全小贴士"，看看谁的锦囊更加实用和全面！

活动四：涂色锦囊我评价

请根据你对自己在每个维度上的表现进行自我评价，并在相应的填色区域为锦囊涂上对应颜色。绿色代表你在该维度上做得很好，黄色表示还有进步空间，橙色意味着需要加强学习，红色表示需要额外的帮助。

评价维度	描述	我做得怎么样
项目理解	明确知道项目的整体情况，并且可以说清楚项目的目标和意义	
小组合作	在小组里和大家分工合作，一起解决问题，沟通良好	
知识学习	知道了信息有真有假，学会了怎么分辨信息的真假	
成果展示	拟订的旅游安全锦囊，内容贴近实际，具有可操作性	

（合肥市亳州路小学　王菁）

第4单元　在线购买科普读物

——在线经济

一、单元核心素养

1. 内容要求

通过生活中的在线经济、新兴媒体、人工智能等实例,感受在线社会对学习与生活的影响。

2. 学业要求

能列举在线社会对学习与生活的影响,知道在线生活技能的必要性,感受在线社会中信息的重要性。

二、单元内容分析

本单元以"在线购买科普读物"这一与学生生活息息相关的切入点来展开项目,旨在让学生在实际操作中提高科学素养。整个项目活动中,学生体验亲自挑选科普读物、自行收取快递,并根据商品使用情况撰写真实评价,同时在解决项目问题的过程中,学会运用在线购物技能,体验在线生活的便利,享受在线购物的乐趣。

该单元的选题源自学生真实的生活经历,大部分学生都观察过父母在线购物的过程,了解部分购物平台及购物环节,知晓购物过程中的筛选与下单步骤,能够查询快递的物流信息,能根据取件码提取快递。对学生来说,撰写商品评论的经验较少,但对商品的评论并不陌生。通过本单元的学习活动,学生的在线生活能力可以得到培养。

三、单元学习目标

1. 能够通过在线购物平台挑选商品。
2. 根据快递信息,查询并提取快递。
3. 能对商品进行客观的评价。
4. 感受在线社会生活方式的变迁。
5. 了解网络连接着社会中的各行各业。
6. 了解在线经济及其对人们在线行为的影响。

四、单元内容结构

本单元共有3个课时,每个课时完成1个子项目活动,如下图所示。

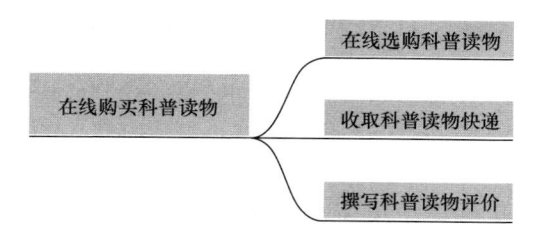

```
                    ┌── 在线选购科普读物
在线购买科普读物 ────┼── 收取科普读物快递
                    └── 撰写科普读物评价
```

第13课　在线选购科普读物

——在线选购

教学设计1

一、课标内容

通过生活中的在线经济、新兴媒体、人工智能等实例,感受在线社会对学习与生活的影响。

二、内容分析

本课项目主题为通过在线购物平台选购科普读物。鉴于小学生并无独立的支付能力,课堂中仅完成科普读物的挑选,如需购买,应在家长或监护人的指导下完成支付。本课以协助李徽在线选购科普读物为切入点,实施项目活动。让学生体验网络购物过程,同时,掌握选购商品的方法,以便挑选出适合自己的科普读物。

三、学情分析

在线购物已经成为家庭生活的一部分,绝大多数家庭都有过在线购物的经历,因此,学生们对在线选购商品并不陌生,有些学生可能已经有了相关经验。本课在此基础上,让学生体验在线选购商品,感受在线社会对生活的影响。同时,提高学生的信息素养,让他们在体验在线生活的过程中,更具有从容感和幸福感。

四、学习目标

1. 素养目标

(1) 了解网络购物,感受在线社会生活方式的变迁。
(2) 能根据需求,在线筛选商品。在培养学生幸福感与从容感的同时,提高其信息意识。

2. 项目目标

根据项目需求，协助李徽从在线购物平台上挑选满意的科普读物。

五、教学准备

1. 教师准备

数字设备环境，为学生准备台式电脑或平板电脑。教师提供相应的教学课件、微课、活动记录单等教学素材。

2. 学生准备

课前与家长交流在线选购商品的经验，了解筛选商品的方法。

六、教学重难点

1. 教学重点

掌握在线筛选商品的方法，了解在线社会生活方式的变迁，感受在线生活的便捷性。

2. 教学难点

能在众多的在线商品中筛选出合适的商品。

七、设计思路

1. 教学整体思路

本课从学生真实的生活情境出发，提出问题：如何选购科普读物？师生分析问题，找出项目的关键问题：如何从众多的在线商品中，筛选出适合自己的科普读物？然后学生尝试筛选科普读物。在体验活动中，积累搜索信息的经验，感悟在线社会生活的便捷性，由此体现做中学、做中悟的教学理念。体验过程，通过问题引导学生开展探究活动，促进学生思维的发展。

2. 教学流程框架

本课倡导采用项目教学法。以学生实际面临的问题为切入点，提出课题：如何在在线购物平台中挑选科普读物？进而引导师生共同剖析问题，明确项目核心议题：筛选优质科普读物。接着，学生尝试在在线购物平台进行搜索与筛选，以体验在线社会给生活带来的变革。

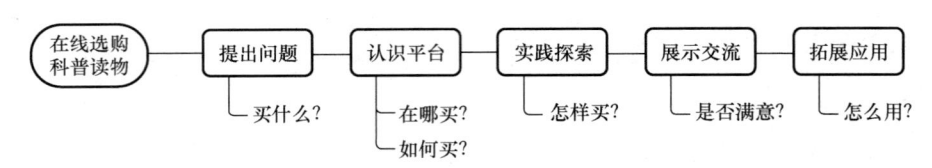

```
在线选购      提出问题      认识平台      实践探索      展示交流      拓展应用
科普读物
              └买什么？    └在哪买？    └怎样买？    └是否满意？   └怎么用？
                           └如何买？
```

第4单元 在线购买科普读物

八、学习活动设计

教学环节	教师引导	学生活动	设计意图
项目情境 提出问题	1. 情境创设 描述情境，请学生观察李徽在购买科普读物时遇到什么困难。 2. 明确任务 问题：你知道如何在线选购科普读物吗	1. 交流 聚焦本课的项目问题，交流帮助李徽解决问题的方案。 2. 交流情境问题 结合自身实际，说一说家长的一次网上购物经历，并在小组内交流	创设真实的生活情境，激发学生探究的兴趣。在解决真实问题的过程中，感受社会生活的变迁
项目准备 认识平台	1. 问题引导 展示课件：科普读物的分类信息。 问题：想一想，你会选择哪一类科普读物？ 2. 介绍购物平台 组织学生观看购物平台相关微课，初步了解购物平台。 说一说，你了解哪些购物平台？从这些平台可以购买哪些物品？ 3. 明确项目目标 分析李徽需要按怎样的流程购买科普读物	1. 交流问题 讨论教师提出的问题。 选择自己喜欢的类别，填写活动记录单。 2. 初识购物平台 观看微课，了解购物平台。 交流：常见的购物平台有哪些？在这些平台可以购买哪些物品？ 3. 明确目标 进行小组交流，并填写活动记录单	在网上购物前，先要了解需要购买的物品，有目的地购物，可以大大提高购物效率。 明确需求，确定项目实践内容
项目实施 实践探索	1. 引导学生尝试在购物平台查找商品。 问题：打开购物平台，我们可以在目录里查找到哪些种类的信息？ 2. 引导学生查看科普读物的详细情况。 问题：这么多科普读物，应该如何挑选？我们可以查看哪些方面的信息？ 3. 指导学生挑选图书，强调购买图书需要在家长的协助下完成，不可自己购买	1. 搜索科普读物 小组合作，分析购物平台的商品分类，选择合适的分类检索科普读物。 将自己查找的分类信息填写在活动记录单里。 2. 了解图书的详细情况 查看搜索图书的详细情况，初步了解图书。 根据了解的图书信息，思考是否购买。 3. 挑选科普读物 根据查找到的图书信息，决定要购买的图书，并记录下来。具体的购买流程需要在家长的协助下完成	通过分类查阅科普读物，体验在线购物的技巧和方法，积累在线生活经验。 通过挑选科普读物，体验在线购物，积累经验。强调支付环节一定要在家长的协助或监督下完成，确保安全
项目评价 展示交流	1. 组织学生汇报 请各组指派代表汇报小组推荐的图书，并说明推荐理由。 2. 帮助学生总结经验	1. 汇报推荐的图书 学生汇报挑选的图书，说一说自己的发现。 2. 交流收获 学生交流此次活动的收获。 3. 经验分享 学会了在线挑选商品，在生活中有什么作用、与同学分享	通过描述解决问题的思路，形成方法

(续表)

教学环节	教师引导	学生活动	设计意图
项目延伸 拓展应用	1. 启发学生应用 问题：你们在生活中还发现了哪些物品可以通过在线购物平台购买？ 2. 收集学生评价反馈	1. 实践应用 尝试帮长辈选购一双保暖手套。 2. 活动评价 填写评价表，完成项目评价，对探究学习情况进行反馈	小结本课收获，积累方法

九、板书设计

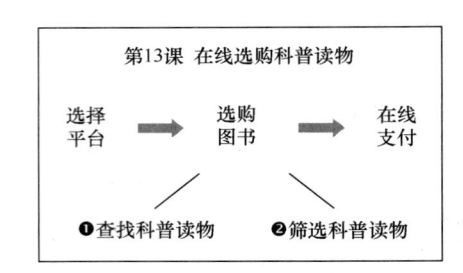

```
第13课 在线选购科普读物

选择平台  →  选购图书  →  在线支付
                ↙    ↘
        ❶查找科普读物  ❷筛选科普读物
```

附：活动记录单

小组名称	第___组 组员：（ ）（ ）（ ）（ ）（ ） 分工：_____
项目实施	活动1：分析李徽购买科普读物的流程，进行小组交流，填写活动记录单。 | 李徽的需求	
需求分析	可选的购物平台	
	图书的类别	
购物的流程：选择_____ → 选购_____ → _____ | 活动2：挑选科普读物 请说一说你挑选的科普读物，并说明挑选的理由。 | 我挑选的科普读物名称	挑选理由
	| 活动3：汇报结果 根据挑选的科普读物，汇报自己挑选的图书和注意事项。 我在购物平台挑选了_____科普读物。 我的发现： ◆ 筛选商品要注意：_____。 ◆ 支付商品需要：_____。

(续表)

项目评价	活动评价表：		
	课堂活动评价内容		评价等级
	分析与规划	了解项目内容，知道项目实施途径	☆☆☆☆☆
	工具与方法	了解购物平台，知道如何在线选购商品	☆☆☆☆☆
	核心知识	能通过目录或导航筛选商品	☆☆☆☆☆
		能根据商品信息筛选到自己想要的商品	☆☆☆☆☆
	项目探究成果	能总结经验，保障购物安全	☆☆☆☆☆

（马鞍山市金瑞小学　王军）

教学设计 2

一、课标内容

通过生活中的在线经济、新兴媒体等实例，感受在线社会对学习与生活的影响。

二、内容分析

本课围绕帮助李徽在线购买科普读物，开展项目探究活动。通过项目活动清单让学生体验在线购物的过程，感知在线生活的必要技能，感受在线社会中信息的重要性，让学生感受在线社会中学习与生活方式的变迁，在培养学生幸福感与从容感的同时，引导学生树立正确的网络安全观，增强其信息社会责任感。

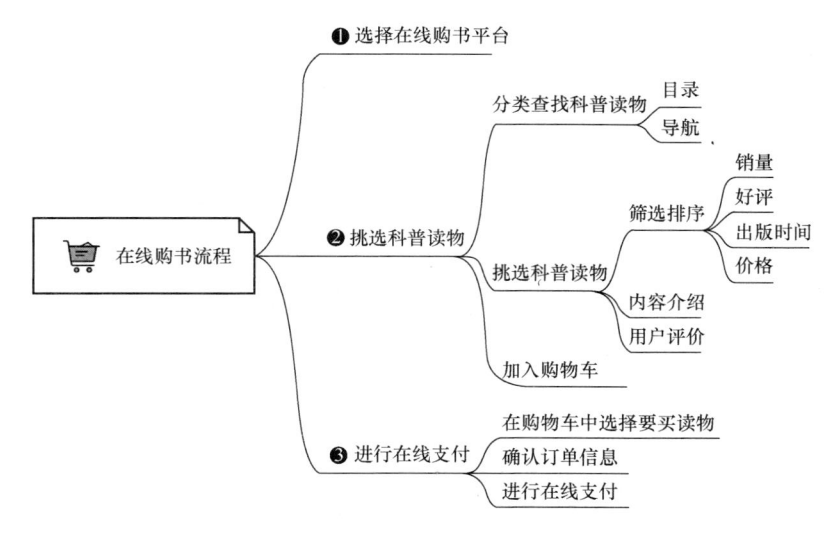

在线购书流程：
- ❶ 选择在线购书平台
- ❷ 挑选科普读物
  - 分类查找科普读物
    - 目录
    - 导航
  - 筛选排序
    - 销量
    - 好评
    - 出版时间
    - 价格
  - 内容介绍
  - 用户评价
  - 加入购物车
- ❸ 进行在线支付
  - 在购物车中选择要买读物
  - 确认订单信息
  - 进行在线支付

三、学情分析

三年级学生对"在线学习和在线生活"有一些初步的认识，在当今的数字社会，他们有参与在线行为的经历，如搜索信息、在线游戏、视频聊天等。同时，三年级学生的思考

信息科技教学设计 三年级上册

方式具有直观性，以形象思维主导，逻辑思维相对受限；但是他们好奇心强，乐于表达，能够与他人合作完成项目。

四、学习目标

1. 素养目标

了解在线购物平台的相关功能及应用场景，能够树立安全意识，有效地规避风险。

2. 项目目标

通过情境体验和小组讨论，得出探究结论，填写项目活动记录单，提出在线挑选图书和在线购物的建议；根据课堂学习和表现，完成课堂评价。

五、教学重难点

1. 教学重点

根据问题需求，选择合适的购物平台及方式查找所需图书。

2. 教学难点

学会在线挑选图书，树立在线购物的安全意识，并在实践中培养信息思维与团队协作意识。

六、设计思路

新课程标准倡导创新教学方式，以真实的问题或项目为驱动，引导学生建构知识，提升问题解决能力。

基于学生的学习起点，本课从大单元视角设计，采用项目式教学理念，以生活中常见的在线购物为主线，用项目驱动教学的方式，引导学生了解在线学习与生活的重要意义。学生通过分组合作，利用项目活动记录单记录学习过程；利用思维导图的方式反馈探究结果，不仅巩固了知识，还形成了学习档案，记录自己学习成长过程。

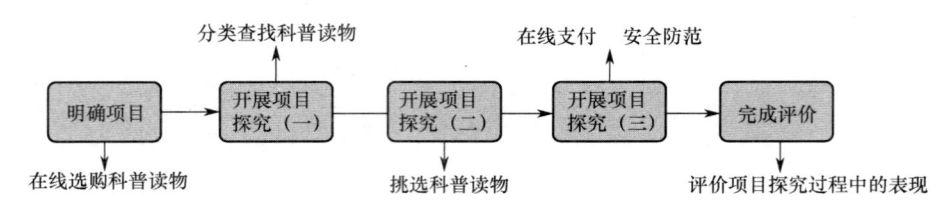

```
             分类查找科普读物              在线支付   安全防范
                  ↑                          ↑
 ┌──────┐   ┌──────────┐   ┌──────────┐   ┌──────────┐   ┌──────┐
 │明确项目│→ │开展项目  │→ │开展项目  │→ │开展项目  │→ │完成评价│
 │      │   │探究（一）│   │探究（二）│   │探究（三）│   │      │
 └──────┘   └──────────┘   └──────────┘   └──────────┘   └──────┘
      ↓                          ↓                          ↓
 在线选购科普读物            挑选科普读物            评价项目探究过程中的表现
```

七、学习活动设计

教学环节	学习内容与活动	设计意图
创设情境 提出项目	1. 播放动画视频 李徽：妈妈，老师让我们带一些科普读物参加班级的读书交流活动，您能去书店帮我买一本啊？ 妈妈：妈妈今天会加班到很晚，你可以自己在网上选图书哦。	以真实问题的情境引入项目，激发学生的探究兴趣，引发学生深度思考，明确项目目的。

130

第4单元 在线购买科普读物

（续表）

教学环节	学习内容与活动	设计意图
创设情境 提出项目	李徽遇到了什么难题？ 教师：今天就让我们一起来帮助李徽在线选购一本科普读物吧！ 2. 揭示课题并板书	
调查体验 预热项目	课堂调查一：同学们在网上购买过商品吗？ 学生思考并尝试回答：在……网站，买过…… 课堂调查二：在线购书的流程你知道吗？请你连一连。 学生上台体验手动操作完成连线题，通过课件呈现判断结果，学生反馈并给予评价。 课堂调查三：浏览 2024 年十大网上书店排行榜，你会选择哪个网上书店购书？ 学生浏览排行榜页面，确定所选择的购书网站并说明理由。 教师引导，学生总结：一定要在正规网上书店购物	学生在学习过程中通过思考、分析、解释等方法，最终选择网上书店，培养了分析、思考、解决问题的能力
聚焦问题 探究项目	**活动一：分类查找科普读物** 1. 浏览购物平台，引出问题：如何找到适合小学生阅读的科普读物？ 学生观看相关微课1，两人一组交流讨论。 学生尝试上台演示查找科普读物的流程，边操作边分析查找过程。 2. 教师引导：你喜欢哪些类型的科普读物？ 学生思考并填写"喜欢的科普读物类型调查问卷"，教师利用问卷星收集问卷，展示调查结果，学生完成活动记录单一，得出探究结论 **活动二：挑选科普读物** 1. 浏览购书平台，引出问题：怎样挑选喜欢的科普读物，并将其放入购物车中？ 学生交流讨论，尝试在线挑选自己喜欢的科普读物，并将其放入购物车。 2. 教师引导：你会选择哪种方式筛选商品？说一说你的理由。通过课件展示查询、筛选等方式。 学生分析、推理、判断哪种方式更适合自己，并填写活动记录单。 3. 教师提问：还能通过哪些方式查询、筛选自己满意的书籍？ 展示课件，学生上台演示操作，继续深入探索查询科普读物，并解释说明。 4. 分组探究：为什么选择这些图书？ 学生两人一组交流讨论，挑选完成科普读物操作，并填写活动记录单二。将学生项目活动单投屏展示填写结果，请同学说一说自己选这本书的理由 **活动三：在线支付 安全防范** 1. 教师演示操作，并讲解在线支付流程。 学生上台完成课件中"拖一拖在线支付"练习，其他学生进行点评。 2. 观看视频，教师提问：在线购物有哪些好处？（方便又快捷）会存在安全隐患吗？如何做到安全购物？ 学生交流，并分享身边人在线购物被骗的经历。完成活动记录单三，并汇报探究结果	在探究项目时，初步了解分类查找功能，为后面的实践活动做准备。 让学生了解，筛选信息时，要先明确找什么，再使用几种筛选商品的方法查找图书，体验在线购物的技巧，积累经验。 学生分组合作、探究，解决在线购物问题，提升分析、规划能力及计算思维水平 因为账号问题，学生无法完成在线支付，所以通过演示完整流程，加强他们与真实生活的实际联系，培养学生的观察力与思维能力，增强学生的网络安全意识

(续表)

教学环节	学习内容与活动	设计意图
拓展应用 项目延伸	1. 李徽想买一个足球，请向他推荐一种购买方式，并说一说理由。 2. 冬天来临，请为长辈网购一副手套，提醒他们注意冬季保暖	通过更多应用领域的拓展，提升学生的信息社会责任感。让学生展现自我，勇于表达
评价总结 情感升华	教师提问：你能说说今天这节课都有哪些收获吗？学生交流分享。填写在线评价单，给自己点赞。 教师反馈评价结果，总结梳理	将评价环节与数字工具相结合，体现了信息科技教学在线评价的特点

八、板书设计

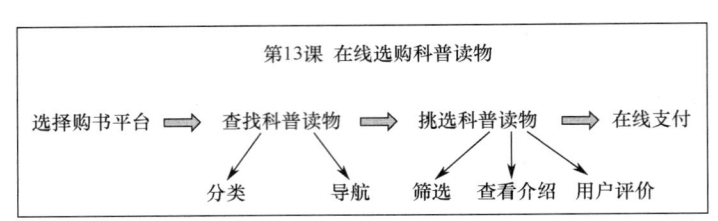

第13课　在线选购科普读物

选择购书平台 ⇒ 查找科普读物 ⇒ 挑选科普读物 ⇒ 在线支付

　　　　　　　　分类　　导航　　筛选　查看介绍　用户评价

（马鞍山市秀山第一小学　高晶）

第14课　收取科普读物快递

——在线物流

教学设计1

一、课标内容

通过生活中的在线经济、新兴媒体、人工智能等实例，感受在线社会对学习与生活的影响。

二、内容分析

本项目旨在使学生们深刻认识到在互联网时代背景下，物流各环节如何借助网络平台实现高效互联互通。消费者在通过购物平台购买商品后，普遍对商品的快速送达抱有殷切期望。以小学生李徽为例，他在购物平台上选购了科普读物，同样渴望图书能尽快送达。因此，学生们对于查询快递是否已被揽收、当前运送至何处及最终投递至哪个快递站点或快递柜等信息表现出了浓厚的兴趣。

三、学情分析

学生们对收取快递并不陌生。绝大多数学生都有过收取快递的经历，但对查询快递信息比较陌生，可能是因为大多数在线购买的物品与他们没有直接关系。因此，选用与学生相关的快递物品，参与课堂活动，让他们查询快递信息，提升其学习兴趣。学生在体验查询的过程中，了解快递运输的过程，感受在线社会中快递行业的变迁。

四、学习目标

1. 素养目标

（1）了解网络如何连接快递投送的各个环节。

（2）了解网络在快递行业中的应用。

2. 项目目标

根据项目需求，在线查询快递信息，收取科普读物的快递包裹。

五、教学准备

1. 教师准备

数字设备环境，为学生准备台式电脑或平板电脑。教师提供相应的教学课件、微课等教学素材。

2. 学生准备

课前与家长交流在线查询快递信息的经验，了解收取快递的多种方法。

六、教学重难点

1. 教学重点

掌握在线查询快递信息和线下收取快递的方法，了解网络如何连接快递投送的各个环节，感受网络对快递行业的影响。

2. 教学难点

了解网络在快递行业中的应用。

七、设计思路

1. 教学整体思路

本课依托学生的真实生活经验，他们对收取快递比较了解，对查询快递信息比较生疏。教学过程中，指导学生了解查询快递信息的途径，引发其对快递行业中数字设备的认识，数字设备有助于人们实时查询快递的准确信息。案例源自生活，却又高于生活。学生在活动过程中掌握方法，在体验中感受网络给快递行业带来的变革。通过问题，引导学生开展探究活动，促进学生思维的发展，如下图所示。

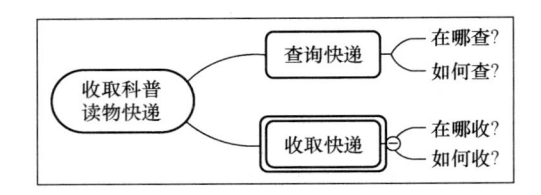

```
收取科普     查询快递 ── 在哪查？
读物快递              如何查？
            收取快递 ── 在哪收？
                      如何收？
```

2. 教学流程框架

本课采用项目教学法，以查收科普读物为切入点，提出"如何查询和收取科普读物？"问题，引发学生共同思考与讨论。学生通过在线查询快递信息等实践活动，了解网络在快递行业中的作用，感受在线社会中快递行业的变迁。

八、学习活动设计

（一）创设情境，引出问题

1. 问题情境：交流、思考

李徽自从在网上购买了科普读物后，时常问妈妈图书的快递到哪里了。妈妈告诉他在网上就可以查询科普读物的快递信息，让他通过网络自己查询。你知道如何从网络上查询科普读物的快递信息吗？快递到达快递柜后，如何从快递柜取出快递包裹呢？

学生聚焦本课的项目问题进行交流。

2. 聚焦问题：思考、列举

你收取过快递吗？说一说你收取快递的经历，请在小组内进行交流。

```
我一次收取快递的经历：
□亲身经历    □观察父母    □其他
收取的商品：_____
收货地点：_____
收货过程：_____
```

【设计意图：以学生的亲身经历，激发学生的兴趣。将生活经验引入课堂，让课堂与生活紧密相连。】

（二）分析问题，探究方法

1. 分析问题：讨论、思考

观看《查询快递》微课，初步了解快递查询的途径。说一说，通过下列哪些途径可以查询到快递信息？

```
选择可以快递查询的途径：
□购物平台       □快递公司官网
□电子邮件       □电话
□_____
```

【设计意图：了解查询快递信息的途径，为项目实施做好准备工作。】

2. 认识快递行业中的数字设备：观察、交流

观察快递行业中的数字设备，认一认，这些分别是什么设备？它们的功能是什么？分组交流，并将观察结果记录下来。

我观察到的数字设备：
- ◆ _____   ◆ _____
- ◆ _____   ◆ _____
- ◆ _____

【设计意图：认识快递行业中的数字设备及其功能，了解网络在快递中的作用。】

3. 厘清快递投递的过程：交流

分析：李徽购买的科普读物经过哪些环节，最终被准确地投送？分组交流，试着填写活动记录单。

李徽的快递包裹	
投递过程：	收取→_____→_____→派送

【设计意图：明确快递投送的整个过程，为项目实践活动做准备。】

（三）查询快递，体验方法

根据前面讨论的方法，选择合适的快递查询途径，查询快递信息，并将查询到的信息记录下来。

科普读物的快递信息：
快递送达的地址：_____
当前快递所在的位置：_____
预计快递送达的时间：_____

【设计意图：通过查询与记录科普读物的快递信息，了解网络在快递行业中的作用，感受在线生活的便捷性。】

（四）收取快递，交流经验

讨论与交流：如何根据快递信息收取快递？在下表中列举多种快递收取方式，将收取方法用简要的文字进行描述。

快递位置	收取方法
快递柜	
快递之家	

【设计意图：通过交流，了解快递的收取过程。让学生列举多种方法，并组织语言描述，提高学生的语言表达能力。】

（五）汇报结果，交流方法

说一说快递单号的作用，互联网在快递投送过程中发挥了哪些作用？通过此次活动，你有哪些收获？与同学分享。你能用所掌握的知识，解决生活中的其他问题吗？

```
查询快递的条件：需要知道快递的_____。
我的发现：
◆快递行业数字设备的作用：_____。
◆互联网在快递中的作用：_____。
```

【设计意图：通过总结学习内容，形成学习方法。】

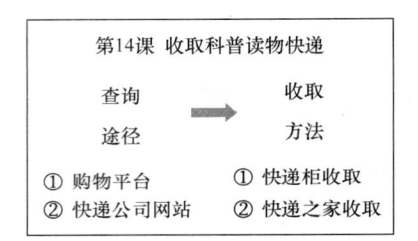

九、板书设计

```
第14课 收取科普读物快递

    查询         →      收取
    途径                方法
① 购物平台          ① 快递柜收取
② 快递公司网站      ② 快递之家收取
```

十、评价设计

本项目采取过程性评价和结果评价相结合的方式进行评价，过程性评价贯穿整个教学过程。教学评价以学习评价表为载体，教师根据采集的数据，迅速掌握学生的学习情况，进一步优化教学过程。

评分项目、评分标准及对应分值		得分
分析与规划（20分）	查询和收取快递的方法	
工具与方法（20分）	查询快递的途径	
核心知识（30分）	能查询科普读物的快递信息	
	能根据取件码收取快递	
项目探究成果（30分）	能总结经验，确保购物安全	

（马鞍山市金瑞小学　王军）

教学设计 2

一、课标内容

通过生活中的在线经济、新兴媒体等实例，感受在线社会对学习与生活的影响。

二、内容分析

本课围绕帮助李徽收取科普读物快递开展项目活动。学生通过项目活动体验在线物流的过程，感知在线生活的必要技能，感受在线社会中信息的重要性，感受智能化时代的变迁，树立正确的网络观，增强信息社会责任感。

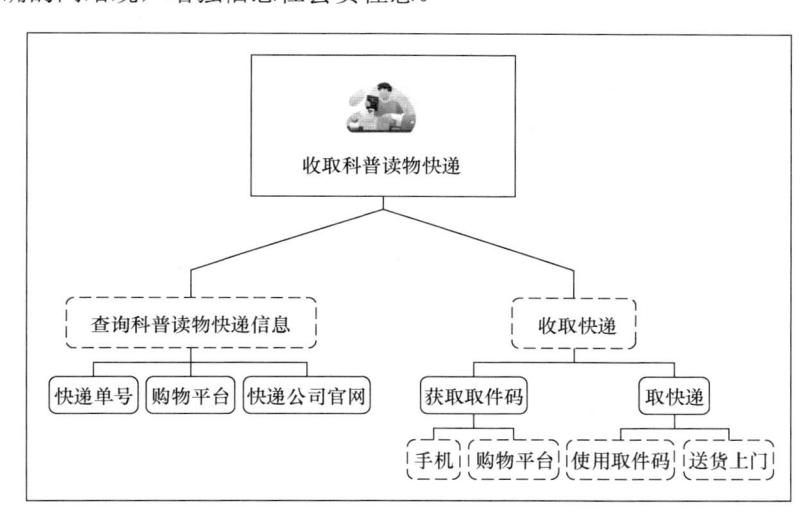

三、学情分析

通过上节课的学习，学生对在线购物已经有一些初步的认识。本节课我们将对在线购物的后续流程做进一步的认识，了解在数字时代，互联网对快递行业的巨大影响，思考在智能化产业飞速发展的背景下，新一代数字人应如何应对网络的发展对人类社会产生的深远影响。

四、学习目标

1. 素养目标

（1）了解网络在快递投送各个环节中的作用。

（2）通过在线快递解决生活中的问题，感受在线生活的便捷性。

2. 项目目标

根据项目需求，在线查询快递信息，收取科普读物的快递。

信息科技教学设计 三年级上册

五、教学重难点

1. 教学重点

根据问题需求，选择合适的方式查询科普读物的快递信息。

2. 教学难点

学会收取快递，体会智能时代快递行业的变迁，在实践中培养信息思维与团队协作意识。

六、设计思路

新课程标准倡导创新教学方式，以真实的问题或项目为驱动，引导学生建构知识，提升问题解决能力。

本课从大单元视角出发，采用项目式教学理念，以生活中常见的收取快递的情境为主线，用探究教学的方式，引导学生了解互联网给人们的生活方式带来的变化及其对在线经济发展的影响。学生通过分组合作，利用活动记录单形成文字、思维导图，反馈实验结果，并进行自评，不仅加强了知识的巩固，还形成了学习档案，记录其学习成长过程。

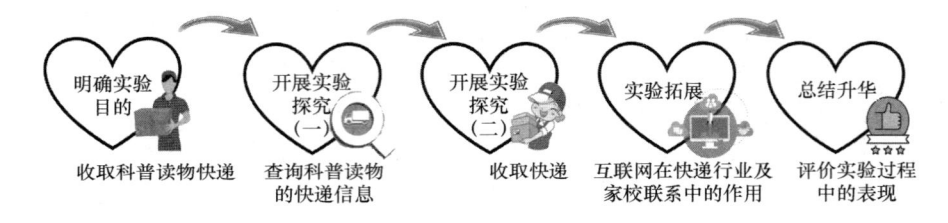

明确实验目的	开展实验探究（一）	开展实验探究（二）	实验拓展	总结升华
收取科普读物快递	查询科普读物的快递信息	收取快递	互联网在快递行业及家校联系中的作用	评价实验过程中的表现

七、学习活动设计

教学环节	学生活动	教师引导	设计意图
创设情境 提出项目	1. 播放动画视频《等快递等得好着急》 李徽：我的科普读物什么时候才能到啊？ 妈妈：你可以在网上查询快递信息哦！ 2. 揭示课题并板书	设计并发放活动记录单	创设真实的问题情境，引出项目，激发学生的探究兴趣，引发学生深度思考，明确项目目的
明晰方法 准备项目	1. 分享收取快递的经历。 2. 观看动画，了解什么是物流及科普读物的投递过程。 3. 拖动完成"填一填"练习（收取、分拣、装车、派送）。 4. 观看视频，了解快递行业中数字设备的功能及延伸的智能化作用	1. 谈话导入 问题：你帮家人取过快递吗？你是怎么收取的？ 2. 问题引导 问题：你在视频中看到了哪些数字设备	通过观看动画视频，让学生充分了解数字信息时代的变迁，为接下来的项目活动做铺垫
探究实践 实施项目	活动一：查询科普读物的快递信息 1. 观看视频，完成练习：选一选，填一填。 2. 实践演示：通过快递单号查询物流信息。	1. 问题引导：在线查询快递信息的途径有哪些？ 2. 提出问题：你能根据快递单号查询物流信息吗？	重点关注学生的体验和实践，通过多样化的学习方式，让学生在实践中理

第 4 单元　在线购买科普读物

(续表)

教学环节	学生活动	教师引导	设计意图
探究实践 实施项目	3．根据活动记录单中的物流图，填写查询到的科普读物快递信息（送达地址、当前位置、预计送达时间）。 4．两人一组交流如何分别通过快递网站和快递单号两种方法查询快递信息。 5．学生汇报、分享交流的结果，填写活动记录单一 **活动二：收取快递** 1．观看视频，了解获得取件码的方式。 2．两人一组交流用取件码取快递的方法，完成练习"标序号"。 思考1：谁发的取件信息？ 思考2：不用取件码也能取到快递吗？ 3．完成活动记录单二，并汇报填写结果	3．组织交流活动：还能用哪些方式查询物流信息？ 4．教师适时进行点评。出示板书：查询科普读物的快递信息 1．问题引导：快递终于到了，如何收取快递？ 2．组织交流：用取件码取快递的几种方法。 3．适时点评	了解如何利用互联网查询快递信息，引导学生发现问题，在解决问题的过程中明确项目目标和需求 让学生了解，收取快递的方法有多种，体会互联网技术为快递行业带来的巨大变革及飞速发展。学生体验在线购物的技巧，积累经验。 学生通过合作、探究、分享、交流，加强与真实生活的实际联系，培养观察能力与思维能力，增强网络安全意识
应用延伸 拓展项目	1．交流：没有取件码的情况下如何取到快递。 2．实验拓展：思考互联网在快递运输过程中的作用，完成拓展练习。 3．分享：家长是如何和学校进行线上联系的	1．问题引导：取件码如果丢了，怎么办？ 2．如何通过网络进行家校互联	通过更多应用领域的拓展案例，对学生进行情感上的升华，提升其信息社会责任感。鼓励学生展现自我，勇于表达
总结升华 项目评价	方法小结 交流学习收获，完成在线活动评价表。 教师反馈评价结果，总结、梳理本课内容	引导学生归纳总结：谁来说一说本课活动中的收获？自己是如何解决收取快递相关问题的	借助数字平台进行项目评价，体现信息科技的特点

八、板书设计

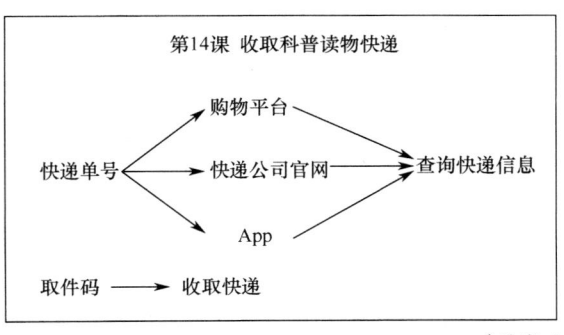

```
第14课　收取科普读物快递

              ┌──→ 购物平台 ──────┐
快递单号 ─────┼──→ 快递公司官网 ──┼──→ 查询快递信息
              └──→ App ───────────┘

取件码 ──→ 收取快递
```

（马鞍山市秀山第一小学　高晶）

第 15 课　撰写科普读物评价
——在线评价

教学设计 1

一、课标内容

通过生活中的在线经济、新兴媒体、人工智能等实例，感受在线社会对学习与生活的影响。

二、内容分析

在线商品的评价为消费者提供了购物参考，对商家和消费者都是有益的。本课以撰写科普读物的商品评价为例，带领学生了解商品评价的作用、评价常见的内容和评价过程中的规范行为，让学生注意遵守法律法规和网络平台规定，做到公平、公正、诚信有礼。

三、学情分析

在现代社会，商品评价已经成为消费者购物决策的重要参考因素之一。然而，对于大多数学生来说，商品评价这一概念相对陌生，他们对商品评价的作用、规范及评价标准等认识尚显不足。因此，在课堂学习中，加强对商品评价的理解与感受尤为重要。

四、学习目标

1. 素养目标

（1）了解商品评价的作用，以及在商品评价中应遵循的规范。

（2）了解商品评价对人们购物行为的影响。

2. 项目目标

根据科普读物的阅读感受，对该商品做出合适的评价。

五、教学准备

1. 教师准备

数字设备环境，为学生准备台式电脑或平板电脑。教师提供相应的教学课件、微课等教学素材。

第4单元 在线购买科普读物

2. 学生准备

课前与家长交流撰写在线购物评价的经验，了解进行在线评价的方法。

六、教学重难点

1. 教学重点

了解商品评价的作用，知道如何规范商品评价行为，了解商品评价对人们购物行为的影响。

2. 教学难点

了解商品评价对人们购物行为的影响。

七、设计思路

1. 教学整体思路

本课从学生的真实感受出发，先讨论商品评价的作用，再了解商品评价的内容，让学生对已购买的科普读物进行点评，用文字、图片或视频表达自己的观点。在活动中体验方法，积累经验。教学过程中，注意引导学生遵守法律法规，文明、客观、公正地对商品进行评价。通过问题，引导学生开展探究活动，促进学生思维的发展。

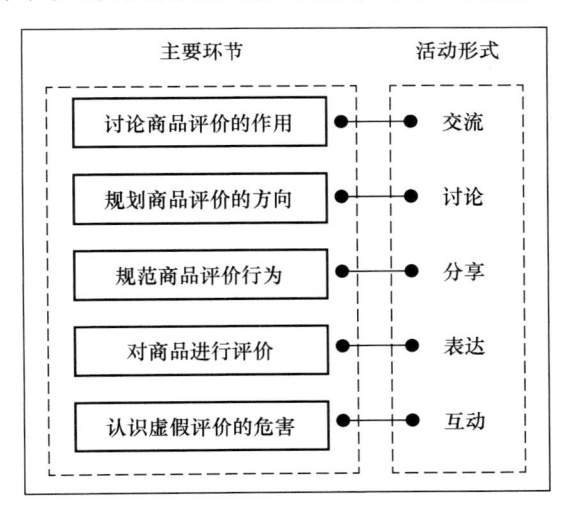

主要环节	活动形式
讨论商品评价的作用	交流
规划商品评价的方向	讨论
规范商品评价行为	分享
对商品进行评价	表达
认识虚假评价的危害	互动

2. 教学流程框架

本课采用项目教学法，以学生实际面临的问题情境为切入点，提出课题"如何撰写商品评价"，进而引导师生共同剖析问题，明确项目核心议题为：撰写科普读物商品评价。接着，学生尝试对已购买的科普读物进行评价，以体验在线社会给生活带来的变化。

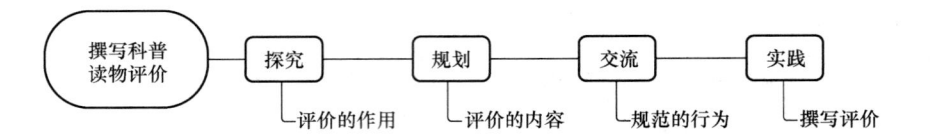

```
┌─────────┐     ┌────┐      ┌────┐     ┌────┐     ┌────┐
│撰写科普 │────→│探究│─────→│规划│────→│交流│────→│实践│
│读物评价 │     └────┘      └────┘     └────┘     └────┘
└─────────┘       │           │          │          │
              评价的作用   评价的内容  规范的行为  撰写评价
```

八、学习活动设计

（一）创设情境，引出问题

1. 问题情境：交流、思考

李徽很快就收到了科普读物，仔细翻看了图书，对图书的内容和质量都很满意，想将自己对这本书的真实感受告诉对此书感兴趣的其他消费者，以便他们选购这本图书。李徽应该在哪里发表对这本书的评价吗？他该如何评价这本书呢？

学生聚焦本课的项目问题进行交流。

2. 聚焦问题：思考、列举

撰写并发布商品评价有什么作用？如何撰写商品评价？评价时应该注意哪些问题？说一说你针对商品进行评价的过程，并分组交流。

【设计意图：创设真实问题情境，激发学生探究的兴趣。】

（二）分析问题，探究方法

1. 分析问题：观察、思考

分析商品评价的作用，说一说，这些评价对人们的购物行为有哪些影响？学生填写表格，交流商品评价的经历。

```
┌──────────────────────────────────────┐
│          我的一次商品评价经历         │
│    评价的商品：_____      │
│    评价的内容：_____      │
│                _____      │
└──────────────────────────────────────┘
```

【设计意图：通过交流商品评价的经历，提高学生对项目的学习兴趣。】

2. 规划商品评价的方向：观察、尝试

观察购物平台的图书评价，分析消费者在哪些方面对图书进行了评价，填写记录单。

```
┌──────────────────────────────────────┐
│          科普读物评价的方向           │
│    □书的装帧设计    □书的内容        │
│    □_____     □_____      │
│    □_____      │
└──────────────────────────────────────┘
```

【设计意图：通过查看消费者撰写的商品评价，了解商品评价的方向和内容。】

第4单元　在线购买科普读物

3. 分享规范商品评价的行为：交流

学生分享自己遇到的规范行为和不良行为的案例，交流自己的感受。分组交流，填写活动记录单。

规范行为	不良行为

【设计意图：规范在线商品评价行为，正确引导学生的评价行为，为项目实施做好准备。】

（三）评价商品，体验方法

根据对图书的阅读感受，撰写相关评价。尝试使用文字、图片或视频等方式，从多方面对图书进行评价，填写活动记录单。

评价形式	□文字评价　□图片评价　□视频评价　□_____	
评价内容	文字评价	
	文字评价	

【设计意图：通过活动记录单，全面、规范、文明地对图书进行评价。】

（四）汇报结果，交流方法

说一说虚假评价对商品及其他消费者有什么样的危害？交流一下，你能用所掌握的知识解决生活中的其他问题吗？

```
商品评价的内容：_____。
虚假评价的危害：
□_____。
□_____。
```

【设计意图：通过描述解决问题的思路，形成方法。】

九、板书设计

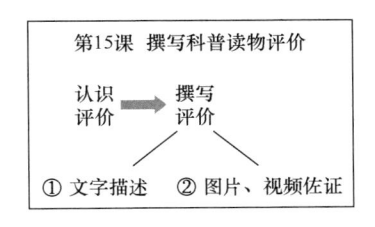

```
第15课　撰写科普读物评价

认识评价 → 撰写评价

① 文字描述　② 图片、视频佐证
```

十、评价设计

本项目采取过程性评价和结果性评价相结合的方式进行评价，过程性评价贯穿整个教学过程。教学评价以学习评价表为载体，教师根据采集的数据，迅速掌握学生的学习情况，从而进一步优化教学过程。

评价项目	评价等级
了解项目内容，知道项目实施途径	☆☆☆☆☆
能客观地对商品进行评价	☆☆☆☆☆
能对商品进行文字评价	☆☆☆☆☆
能对商品进行图片评价或视频评价	☆☆☆☆☆
能总结经验，了解虚假评价的危害	☆☆☆☆☆

（马鞍山市金瑞小学　王军）

教学设计 2

一、课标内容

通过生活中的在线经济、新兴媒体等实例，感受在线社会对学习与生活的影响。

二、内容分析

本课是第四单元的最后一课，也是在线购物的最后一个环节。围绕帮助李徽撰写科普读物评价开展项目活动。通过体验在线评价的过程，让学生感知在线生活的必要技能，感受在线社会中信息的重要性，同时遵守法律法规与信息伦理道德规范。

三、学情分析

通过前面两节课的学习，学生对在线购物已经有了更深入的了解。本节课将聚焦在线购物流程的最后环节，通过撰写评价，引导学生牢记浏览和传播数据、信息时要遵守的正确的行为规范，保护自己、尊重他人，树立正确的安全观，增强信息社会责任感。

四、学习目标

1. 素养目标

（1）了解商品评价的作用，以及在在线购物评价中应遵循的规范。

（2）引导学生合理规范使用评价手段，肩负使命，增强信息社会责任感。

2. 项目目标

根据科普读物的阅读感受，对该商品做出合适的评价。

五、教学重难点

1. 重点

选择合适的方式撰写科普读物的评价。

2. 难点

了解商品评价对人们购物行为的影响，能够安全有效地获取、分享信息资源。

六、教学策略

新课程标准倡导创新教学方式，以真实的问题或项目为驱动，引导学生建构知识，提升问题解决能力。

本课从大单元视角出发，采用项目式教学法，以网络中常见的评价为主线，通过开展项目活动，引导学生了解互联网给人们的生活方式带来的变化。学生通过分组合作，借助在线项目活动单，对自己的学习情况进行评价。这样不仅加强了知识的巩固，还可以形成学习档案，记录其学习成长过程。

七、设计思路

1. 教学整体思路

本课从学生实际出发，先讨论如何分享使用商品的感受，引出商品评价的作用。再分析从哪些方面对商品进行评价，让学生对已购买的科普读物进行点评，用文字、图片或视频表达自己的观点。引导学生规范使用网络评价用语，遵守法律法规，文明、客观、公正地对商品进行评价。通过引出问题、分析问题、解决问题，引导学生思考探究。

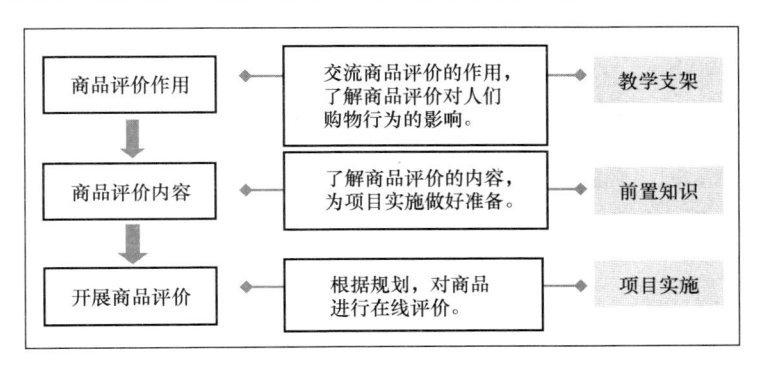

商品评价作用	交流商品评价的作用，了解商品评价对人们购物行为的影响。	教学支架
商品评价内容	了解商品评价的内容，为项目实施做好准备。	前置知识
开展商品评价	根据规划，对商品进行在线评价。	项目实施

2. 教学流程框架

本课采用项目式教学法，课前以学生实际生活情境导入，激发学生对新购图书体验感受的分享欲，课中通过两个探究项目活动，让学生亲身体验并掌握图书评价的方法，同时引导学生合理用词、适当真实评价，以增强其信息社会责任感。教学流程如下图所示。

信息科技教学设计　三年级上册

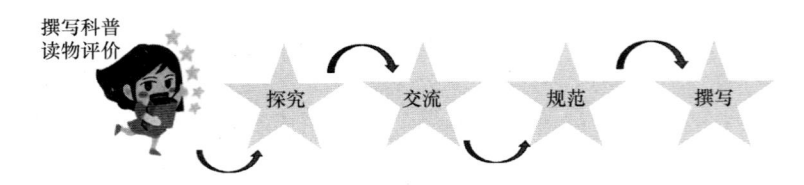

探究 → 交流 → 规范 → 撰写（撰写科普读物评价）

八、学习活动设计

教学环节	学习活动	教师引导	设计意图
情境导入 提出问题	1．交流讨论：李徽很想给其他消费者分享这本书的阅读感受，该如何做呢？可通过哪些方式发表评价？ 2．交流、分享评价的作用，以及评价带来的影响，可结合身边的故事进行交流、讨论。 评价过的商品名称：_____ 评价的内容：_____	1．播放视频，导入情境。 2．思考：收到快递，使用商品后认真填写评价，你觉得有必要吗？撰写商品评价有什么作用？如何撰写商品评价？评价时应该注意哪些问题	通过创设情境引出项目，激发学生的探究兴趣，引发学生深度思考，明确任务内容
聚焦问题 项目实施	项目活动一：找到商品评价页面 1．观看微课，学生尝试找到科普读物的评价页面。 2．思考：可以从哪几方面评价科普读物？（书的装帧设计、书的内容、书的质量、书的价格、物流等。） 分组讨论，填写活动记录单一，提交结果	1．演示打开科普读物的评价页面，展示课件：如何评价科普读物？ 2．使用问卷星搜集学生提交的结果，评价并反馈	通过直观演示，引出本课主题，让学生学会评价商品，感受互联网带来的便捷性
	项目活动二：撰写商品评价 1．观看微课，分组讨论。 尝试完成活动记录单二：完成图书评价任务。 使用的评价形式：文字评价、图片评价、视频评价（可选择）。 2．进行互评，完善评价内容，注意规范评价用语	教师使用问卷星展示学生提交的评价作品，进行点评。 引导学生思考：评价的方法有哪些	通过模拟在线平台的评价功能，感受在线购物的完整流程，体验在线购物的技巧，积累经验
应用延伸 项目拓展	1．观看视频，了解虚假评价带来的危害，学生分组讨论并交流。 商品评价的内容：_____ 虚假评价的危害：_____ _____。 2．填写活动记录单三。 3．交流二次评价的可操作性及作用	引导：有些商品在使用一段时间后会出现新的情况，为了更全面地分享使用体验，可以在购物平台对商品进行二次评价吗	通过了解虚假评价，培养学生在在线社会中自我保护意识，增强自我规范的意识
实验评价 总结升华	1．学生交流、分享本节课的收获。 2．填写实验评价，看看能得几颗星	教师总结：这节课我们通过完成项目活动，体验了如何在网上对商品进行评价，分享评价体验，并说一说本节课的收获。 教师反馈评价结果，总结、梳理本节课的内容	开展多种形式的评价，体现信息科技实验教学的特点

146

九、板书设计

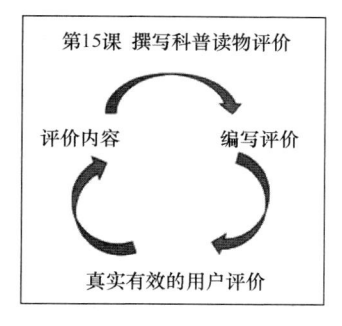

第15课 撰写科普读物评价

评价内容　编写评价

真实有效的用户评价

十、评价设计

请给自己的表现点赞	
能客观地对商品进行评价	♨♨♨♨♨
保证评价真实，规范评价用语	♨♨♨♨♨
积极参与小组活动	♨♨♨♨♨
乐于分享自己的见解	♨♨♨♨♨

（马鞍山市秀山第一小学　高晶）